四特 教育系列丛书 SITE JIAOYUXILIECONGSHU

成长足迹

《"四特"教育系列丛书》编委会 编著

吉林出版集团股份有限公司
全国百佳图书出版单位

图书在版编目 (CIP) 数据

成长足迹／《"四特"教育系列丛书》编委会编著.
—长春：吉林出版集团股份有限公司，2012.4
（"四特"教育系列丛书／庄文中等主编.在故事中升华经典）

ISBN 978-7-5463-8671-3

Ⅰ.①成… Ⅱ.①四… Ⅲ.①中小学－师生关系－通俗读物 Ⅳ.① G635.6-49

中国版本图书馆 CIP 数据核字（2012）第 044127 号

成长足迹
CHENGZHANG ZUJI

出 版 人　吴　强
责任编辑　朱子玉　杨　帆
开　　本　690mm×960mm　1/16
字　　数　250 千字
印　　张　13
版　　次　2012 年 4 月第 1 版
印　　次　2023 年 2 月第 3 次印刷

出　　版　吉林出版集团股份有限公司
发　　行　吉林音像出版社有限责任公司
地　　址　长春市南关区福祉大路 5788 号
电　　话　0431-81629667
印　　刷　三河市燕春印务有限公司

ISBN 978-7-5463-8671-3　　　　定价：39.80 元

前　言

　　学校教育是个人一生中所受教育最重要组成部分,个人在学校里接受计划性的指导,系统地学习文化知识、社会规范、道德准则和价值观念。学校教育从某种意义上讲,决定着个人社会化的水平和性质,是个体社会化的重要基地。知识经济时代要求社会尊师重教,学校教育越来越受重视,在社会中起到举足轻重的作用。

　　"四特教育系列丛书"以"特定对象、特别对待、特殊方法、特例分析"为宗旨,立足学校教育与管理,理论结合实践,集多位教育界专家、学者以及一线校长、老师们的教育成果与经验于一体,围绕困扰学校、领导、教师、学生的教育难题,集思广益,多方借鉴,力求全面彻底解决。

　　本辑为"四特教育系列丛书"之《在故事中升华经典》。

　　这是一部写给老师的书,因为故事中蕴含着慈爱、和谐、人性的教育方式;这也是一部写给学生的书,因为故事中洒满老师们对学生的温暖、感动、爱意、执着、顽强与刚毅……

　　教育是一门科学,也是一门艺术,是塑造人心智的高超艺术。对于教育人人都有自己的看法,而这本书中的观点能给人以许多启示。本书还汇集了众多著名教育学家、知名教师的经典教育文论,共同领略著名专家学术研究风范,引领我们进入教改理论与实践前沿,分享最新研究成果,把握创新教学理念脉搏,感悟前瞻性的教学思想。

　　教育,润物无声,是一种智慧、一种境界、一种追求。教育的这种智慧,这种境界,这种追求,虽然无声无形,但却有踪迹可寻。在教育实践中,那一个个平凡却并不平淡的片段,或呈现出教师解决问题的教育智慧;或记录着教师走出困惑的教学经历;或展现出教师奉献爱心的热忱。回顾那一个又一个生动的教育实践,既是一个沉淀的过程,也是一个升华的过程。

　　本辑共20分册,具体内容如下:

　　1.《师生情难忘》

　　如果我们的人生有一段华美的乐章,那一定来自老师教给我们的7个音符!一天天,一年年,我们在校园里茁壮成长。从懵懂孩童到青春飞扬,然后进入社会大舞台搏击人生。老师谆谆教诲的深情,是我们前行的灯火,给我们温暖、力量和信念……本书选录了100篇发生在师生之间的真情故事。这些平凡而真切的故事,让我们感动,让我们沉思,让我们回忆,让我们心怀敬意和感激……

　　2.《记忆深处》

　　翩翩红叶,徐徐飘落,总不忘留给土地柔软与肥沃;涓涓泉水,潺潺流淌,总不忘带给岸边甘甜与欢歌。享受"师生"情,奉献真诚心!让我们把握这份情,让心灵浸润在肥沃的土壤,开出绚烂的花朵;让我们紧守这份爱,让生命谱写圣洁的乐曲,唱出青春的赞歌。

在坎坷的人生道路上,是谁为我们点燃了一盏最明亮的灯;在荆棘的人生旅途中,是谁甘做引路人为我们指明前进的方向……是您,老师,把雨露洒遍大地,把幼苗辛勤哺育!无论记忆多么久远,每当想起老师,依然激情难耐;每当面对熟悉的老师,那一瞬间,那一件小事……总是激起我们对老师久蓄于心的感激……

3.《成长足迹》

这是发生在校园里的平凡而又感人至深的师生故事。因为爱,所以在教育的天空下,才会发生这么多感人的故事,这些也是对教育生命的审问、感怀和确认。这是一部写给老师的书,因为故事中蕴含着慈爱、和谐、人性的教育方式;这也是一部写给学生的书,因为故事中洒满老师们对学生的温暖、感动、爱意、执着、顽强与刚毅……

4.《悸动的心灵》

追忆往事并不是轻而易举的事情,在漫长的教育生涯中发现自己最难忘的某一个瞬间,其实也就像重新获得一种生存的意义一样美妙。这些教育故事也许并不是教育的解决之道,但却是对教育生命的审问、感怀和确认。也许我们更应该在教育中活出自己,也许我们既活在未来更活在无限的过去,在这些纷繁复杂却又素朴平凡的场景中,有最乐意的付出,有泪水和智慧,更有日日夜夜用心抒写因而温润无比的爱。

5.《春暖花开》

教育是一门科学,更是一门艺术。执著并献身于教育,不仅需要大步向前,也需要回头反思。回顾那一个又一个生动的教育实践,既是一个沉淀的过程,也是一个升华的过程。走进本书,这里全是暖暖的爱。

6.《孩子的微笑》

教育,润物无声,是一种智慧、一种境界、一种追求。教育的这种智慧,这种境界,这种追求,虽然无声无形,但却有踪迹可寻。在教育实践中,那一个个平凡却并不平淡的片段,或呈现出教师解决问题的教育智慧;或记录着教师走出困惑的教学经历;或展现出教师奉献爱心的热忱。

7.《故事里的教育智慧》

本书主要关注家庭教育、学校教育及社会教育中家长与孩子、教师与孩子、孩子与孩子之间的故事,它的特色是小故事蕴含大道理。其宗旨是:讲述真实的教育故事,研究深切的教育问题,创生新锐的教育思想,激活精彩的教育行动。其风格是:直面真实,创新为本和故事体裁。

8.《难忘的教育经典故事》

根据家长、教师和孩子的困惑,用各种形式的教育故事讲述一些很明白的道理,引导人用智慧的手段促进人的成长。这些故事或来自国外的或来自一线教学的实践,对于教育类人群均具有启发性。一个个使教师深思的小故事,一个个让学生向善的小故事,让我们教师真正领会生命教育的内涵。从现在开始关注生命的成长,关注人类的发展,关注社会的进步。

9.《中国教育名家印记》

在人类文明的进程中,数不清的教育大家,手擎着大旗,浓书着历史,描绘着蓝图,才有了今日教育的巨大进步。他们站在教育的殿堂里,发出的宏音,留下的足印,历史永远都不应该忘记,也不会忘记。

本书编者放眼中国教育进程,遴选出对教育产生重大影响的国内近百位教育名家,对其生平、教育思想、学术成果等进行介绍评说。

10.《外国教育名家小传》

在人类文明的进程中,数不清的教育大家,手擎着大旗,浓书着历史,描绘着蓝图,才有了今日教育的巨大进步。他们站在教育的殿堂里,发出的宏音,留下的足印,历史永远都不应该忘记,也不会忘记。

本书编者放眼人类教育进程,遴选出对教育产生重大影响的近百位世界教育名家,对其生平、教育思想、学术成果等进行介绍评说。

11.《随手写教育》

什么是良好的教育? 教育是诗性的事业? 性教育何去何从? 是否应该把儿童世界还给儿童? 假设陈景润晚生40年……本书汇聚了中国最佳教育随笔,对于和教育相关的各个方面问题都有所畅谈,对于教育者和被教育者来说都有所裨益。

12.《我心思教育》

本书涉及到了教育学众多的重要领域和主题,包括教育的真义、教育的价值、教育与社会、教育与生活、课程与教学、道德教育、师生关系、教师的学习与成长等等。它力图用感性的文字表达理性的思考,用诗意的语言描绘多彩的教育世界,以真挚的情感讴歌人类之爱,以满腔的热情高扬教育的理想与信念。

13.《教育新思维》

本书站在教育思想的前沿,以既解放思想又科学审慎的态度,兼用独特的视角,论述了近年的教育理论新说,涉及"教育呼唤'以人为本'"、"公民教育"、"素质教育新解读"、"教育公平与政府责任"、"创新人才培养"、"文化传承与创新"、"教育家办学"等热门话题。这些文章,不避偏,不畏难,遵循教育发展规律和中小学生身心发展规律,引领教育理念和教育实践,反思教育行为误区,无不闪烁着思想和智慧的光芒。对于渴望提升自身理论素养的教育工作者来说,这本书值得一读。

14.《名家名师谈教育》

本书使读者在学习和掌握教育理论的同时,领略到文章的理趣、情趣和文趣,既有助于深厚教师的文化底蕴,又有助于帮助广大教师确立对于教育的理想与信念;既有助于培养和激发广大实践工作者的理论兴趣,又能帮助教师生成教育的智慧和提升广大读者对于生活的热爱与柔情。

15.《世界眼光看教育》

本书荟萃了多位世界级教育思想巨擘的主要思想。从皮亚杰的发生认识论、维果茨基的文化—历史理论、布鲁纳的结构主义,加德纳的多元智能一直到诺丁斯的关怀教育思想等等,现当代世界教育思想的发展脉络清晰、准确而完整。

本书既有思想评介,又有论著摘录,无论教育研究人员还是一线教育工作者,均可非常便捷而精准地从中获得思想大师们的生动启迪,加深对当代教育发展特质的深切理解,是教育、教研、教学工作者不可多得的必备工具书。

16.《大师眼中的教育》

这不是一本以教育专家的身份、眼光、学养来谈教育的书。本书各篇文章提供了许多新史实、新观点,为我国教育史和教育理论工作者长期以来对某些历史人物评价的思维定势提供了新的清醒剂。

17.《教育箴言》

名人名言是前人留给我们的精神财富和智慧结晶。阅读它,不仅能丰富知识,陶冶情操,更能为我们的人生之路指引方向。该书着重论述三方面的内容:教育——造福人类的千秋伟业;教师——人类灵魂工程师、育人的典范;师德——塑造教师灵魂的法宝。

18.《百家教育讲坛》

这是一本兼具思想性、可读性和经典价值的教育智慧读本。书中介绍了孔子、卢梭、爱因斯坦、康德、梁启超、杜威、蔡元培、叶圣陶等几十位古今中外思想家、科学家、教育家关于教育的精彩论述,集中回答了教育的本质、教学的艺术、知识之美、教师的职业生活、儿童的成长等问题。探幽析微,居高声远,让我们直窥教育本原之堂奥。归真返璞,正本清源,你会发现,教育,原来可以如此朴素而美好。

19.《名师真经》

本书从专家心理学研究出发,以新教师到专家教师这一成长过程为线索,剖析了教师在专业化发展中出现的主要问题与阶段性特征,动态性是展现了教师成长的内在原因与实质,并有针对性地提出了促进新教师成为专家教师的系列化教学理念、观点与方法,这有助于教育研究者与实践工作者深入理解教师专业发展的规律,有利于在观念层面上树立科学的教师人才观,以制定行之有效的教师培养方法与措施。

20.《师道尊严》

本书意在激励教师以站着的方式获得成功。全书讲述了站着成长的精神、站着成长的思想、站着成长的基础、站着成长的学问和站着成长的行动。全书力求字字诉说教师成长之心声,篇篇探寻教师优秀之根本,章章开启教师幸福之道路。

由于时间、经验的关系,本书在编写等方面,必定存在不足和错误之处,衷心希望各界读者、一线教师及教育界人士批评指正。

编者

C 目 录
ONTENTS

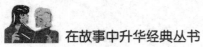

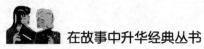

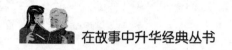

天使的翅膀

深爱每一个孩子，理解每一个孩子并小心翼翼地去触及孩子幼小的心灵，这就是教育的艺术。

辉仔非常自卑，他的背上有两道非常明显的疤痕，从颈上一直延伸到腰部，所以辉仔非常害怕换衣服，尤其是上体育课。当其他的小孩子很高兴地脱下校服，换上轻松的运动服的时候，辉仔总会一个人偷偷地躲在角落里，用背部紧紧地贴住墙壁，以最快速度换上运动服，生怕别人发现。可是，时间久了，其他小朋友还是发现了他背上的疤。

"好可怕哦！""怪物！"

天真的、无心的话往往最伤人，辉仔哭了。这件事发生以后，辉仔的妈妈特地牵着他，去找老师。

"辉仔刚出世就患了重病，当时想放弃的，可是又不忍心，一个这么可爱的生命啊，怎么可以轻易地结束掉？"妈妈说着，眼睛红了，"幸好当时有位很高明的大夫，动手术挽救了他，他的背部便留下了两条疤痕。"

妈妈转头吩咐辉仔掀给老师看。辉仔迟疑了一下，还是脱下了上衣，老师惊讶地看着那两道疤，心疼地问："还会痛吗？"辉仔摇摇头："不会了。"

此时，老师心里不断地思考：如果禁止小朋友取笑辉仔，只能治标，不能治本，辉仔一定还会继续自卑下去。一定要想个好办法。

突然，脑海里灵光一闪，她摸了摸辉仔的头说："明天的体育课，你一定要跟大家一起换衣服哦。"

辉仔眼里，晶莹的泪水滚来滚去："可是，他们又会笑我，说我是怪物。"

"放心，老师有法子，没有人会笑你。真的！"

第二天上体育课，辉仔怯生生地躲在角落里，脱下了他的上衣，果然不出所料，又有小朋友厌恶地说："好恶心呀！"

辉仔双眼睁得大大的，眼泪已流了下来。这时候，教室门突然被打开了，

老师出现了。几个同学马上跑到了老师面前说："老师你看，他的背好可怕，像条大虫。"老师没有说话，只是慢慢地走向辉仔，然后露出诧异的表情。

"这不是虫！"老师眯着眼睛，很专注地看着辉仔的背部，"老师以前听过一个故事，大家想不想听？"

小朋友最爱听故事了，连忙围了过来。

老师说道："这是一个传说。每个小朋友，都是天上的天使变成的，有的天使变成小孩的时候很快就把翅膀脱下来了。有的小天使动作比较慢，来不及脱下他们的翅膀。这时候，那些天使变成的小孩子，就会在背上留下这样两道痕迹。"

"哇！"小朋友发出惊叹的声音，"那这就是天使的翅膀？"

"对啊，"老师露出神秘的微笑，"大家要不要互相检查一下，还有没有人像他一样，翅膀没有完全掉下来的？"

所有小朋友听到了老师这么说，马上七手八脚地检查对方的背，可是，没有人像辉仔一样，有这么清楚的痕迹。

"老师，我这里有一点点的伤痕，是不是？"一个戴眼镜的小孩兴奋地举手。"才不是哩，我这里也红红的，我才是天使！"

小朋友们争相承认自己的背上有疤，完全忘记了取笑辉仔的事情。辉仔原本哭红的双眼，此刻已停止流泪。

突然，一个小女孩轻轻地说："老师，我可不可以摸摸小天使的翅膀？"

"这要问小天使肯不肯。"老师微笑地向辉仔眨眨眼睛。

辉仔鼓起勇气，羞怯地说："好。"

女孩轻轻地摸着他背上的疤痕，高兴地叫了起来："哇，好软，我摸到天使的翅膀了！"

女孩这么一喊，所有的小朋友都大喊："我也要摸！"

一节体育课，一幅奇特的景象，教室里几十个小朋友排成长长的队伍，等着摸辉仔的背……

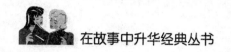

老师的腰围

不论教育者怎样地研究了教育学理论，如果他没有教育机制，他就不可能成为一个优秀的教育实践者。

在一所小学听一堂数学课，内容是有关测量的。孩子们的桌子上摆放着长长短短的尺子。

老师是个女的，胖胖的，40来岁。讲完厘米、分米和米的概念后，她让学生们测量桌子、铅笔、书本和手臂的长度。两分钟之后，班上像炸开了锅，一只只胳膊高举着，像一根根旗杆。被点名的同学报出答案后，都得到了表扬，张张小脸涨得红红的，嘴巴笑成了一朵朵花。那些没被点到名字的学生着急了，有的站起来，有的跳着脚，有的甚至爬到凳子上，高举着手喊："老师，快叫我快叫我。"看着孩子们抓耳挠腮的猴急样，我坐在边上忍不住想笑。我能理解孩子们的心情：谁不想在老师、同学面前表现一番呢，何况还有我这个外人在场。

桌子的长度报过了，铅笔的长度报过了，书本和手臂的长度也报过了，老师说，我们再找找别的东西测量一下。老师的话刚完，我旁边的那个一直没得到机会的瘦个子男孩噌地站起来："老师，我想测测你的腰围。"班上一下静了，同学们都转过头或侧过身看着这个瘦男孩，尔后又把目光对着老师。老师低头看了一下自己的腰，然后静静地看着学生，笑了，边笑边朝那个男孩说着："好啊，你来量吧。"

小男孩拿着尺子，飞快地跑到黑板前。他用手按住尺子的一端，让尺子在老师的肚皮上翻着跟头，可能是男孩的手拙，也可能是尺子太短了，跟头翻了好几个，他才说出了一个答案："87厘米。"

"不错，他量得很认真，答案也比较接近。"老师的话显然激起了其他同学的表现欲，她不失时机地问了一句："其他同学有没有更好的办法，测得更准确一些？"她的话音刚落，一个胖乎乎的女孩站起来说："老师，我有，我

用手。"

小女孩已开始往黑板前跑了。其他学生的目光都在追逐女孩的身影。老师问:"你用手怎么量呢?"小女孩说:"我一掌是 11 厘米,我看是几掌就知道了。"老师笑了。小女孩的手在老师的腰上爬,刚爬了一圈之后,她就报出了答案:"89 厘米。"

笑容在老师的脸上绽放,班级的气氛更活跃了。"有没有更好的办法?"老师问。教室里静悄悄的。孩子们或侧着头或趴在桌子上苦思冥想。片刻之后,前排的一个小孩站起来:"老师,你把裤带解下来,我们一量就知道了。"

我没想到这个小小的孩子会想到这种聪明的办法。老师肯定也没想到,我看到她在大笑,真正地开怀大笑。笑声仿佛长着腿,在教室里飞舞。

老师一边笑一边真的解下了裤带子。小同学显然已从老师的笑声中感受到了赞许,他握着尺子朝黑板前面走的时候,脸上的笑容仿佛要淌下来。

小同学量出的是 90 厘米,这当然是最准确的一个答案。老实说,那位老师并不算漂亮,但这节课却是我听过的最漂亮的一节课。

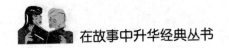

一颗纯洁的童心

当我们俯下身，世界在泪光中微笑。

他是办公室里的常客，常常被老师狠狠地训斥。这时候的他像一只可怜的小鸡，缩着肩，满脸的眼泪和鼻涕。

有一次，他弯着腰伏在办公桌上补作业，头低得快触到作业本了。"坐下来写吧，这儿没有老师坐。"我指着他身边的空椅子说。他摇摇头，一两个小时，就那么弯着腰趴在桌上写字。我几次让他坐下来，可他始终没有。

下课时，他一个人站在教室的走廊里，靠着墙，专注地看着别的学生跳皮筋、扔沙包，脸上持着满足的微笑。我想对他来说，尽管没有人陪他玩，但没有了老师的训斥，时间也就是难得的幸福了。

"这家伙笨得很，也不求上进，不用理他！"别的老师这么对我说，我也渐渐得到了验证。比如说，在我的课上，只有他从不带音乐课本（后来才知道他把书丢了），也只有他始终不会吹竖笛（尽管我多次单独辅导）。有一天，我忍无可忍地把他推到音乐教室的角落里。下课了别的学生跑出去玩了，他仍孤零零地站在那里，竟不敢走。时间一长，我对他渐渐失去了仅有的一点爱心和耐心，我再不会因为看见他被老师责骂、弯着腰写字而莫名伤感了。直到期中考试的前一天，我中午走进教室，学生们都在认真地复习，只有他的座位空着。"他到哪里去了？"我问。学生们茫然地摇摇头，不会是逃学了吧，我急忙出门去找。这时候，我看到了让我震惊的一幕——远远地，他正抱着粗大的纯净水桶，踉踉跄跄地过来了。我跑过去责问道："干嘛不让教工来换水？"他小脸涨红，像犯了错似的，嗫嚅道："管……管老师，我看他很忙……""吃过饭，不能搬这么重的东西，知道吗？"我一边说着，一边抱起水桶。天！好沉啊，不知道他怎么从那么远的储藏室搬过来的。回到教室，他熟练地帮我装好水桶。"平时都是你换的水吗？"我问。"不是。有几次是看门的公公换的。"他低声地说。我的眼睛湿润了，只觉得眼前这个脏兮兮的孩

子是那么可爱！

那天以后，每节音乐课上，我都把自己的书借给他，而他总是一副受宠若惊的样子。下课时，他会一脸虔诚地把书还给我，书崭新笔挺的，没有一个折角，看得出来他是多么小心爱惜。我想，每个孩子都是向善的，每个孩子都渴望得到关注。也许他永远达不到我们眼里的"优秀"，但只要给他尊重和信任，他也会和别的孩子一样快乐地成长，而不是畏首畏尾，卑微地长大。他有一颗多么纯洁的心灵，我们为什么总感觉不到呢？

当我们俯下身，世界在泪光中微笑。

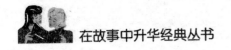

人格是最强大的教育力量

真正的教师，首先应该是人格之师。

（一）

1997 年 12 月 5 日 9 时 45 分，陕西径阳发生 4．8 级有感地震，西安市在同一瞬间震颤。某大学校园四楼的一所教室，一位白发的老教授正在给学生讲课。大楼摇了一下，所有的学生连同教授的身体摇了一下。教授的心一惊："可能是地震。"他张口时却说："请同学们有序离开教室，到教学楼前的空地集合。"学生似乎明白了一点什么，鱼贯而出。

另一所教室里，一位打扮入时的女教师正在给学生讲《人生哲理》。大楼摇了一下，女教师大惊，喊了一声："地震啦！"率先冲向门口。至于她身后的学生如何乱作一团，她不得而知，只感到一股强大的人力推挤着她向下奔……

所有的人都集中到楼前的空地上，学校领导清点人数：只有老教授未下来。正在这时，老教授出现在楼口，镇静地好像什么也没发生过，同学们一齐欢呼冲上来围住了他。细心的人发现：他手里还提着一双高跟鞋——那是女教师为便于逃跑踢脱在楼道的。事后清查得知：老教授和他的学生全部安然无事，而女教师的那个班：有三名女生扭了脚，一名女生跑掉了鞋。

地震给学生上了一课，让他们学到了大学四年乃至一生都不易学的东西：危难时刻，彰显人格。

（二）

　　有一个秋天，北大新学期开始了，一位外地来的年轻学子背着大包小包走进了校园，实在太累了，就把大包小包放在路边。这时正好一位老人迎面走来，年轻学子走上去说："您能不能替我看一下包呢？"老人爽快地答应了。那位年轻的学子就轻装地去办理各种入学手续。一个多小时以后回来了，老人还在尽职尽责地履行着自己的使命。谢过，两人各自走去。

　　几日后是北大的开学典礼，这位年轻的学子惊讶地发现，主席台上就座的北京大学副校长季羡林先生正是那一天替自己看包的老人。不知在那一瞬间，这位年轻人的心里是一种怎样的震撼。但在我听到这个故事之后，却强烈地感觉到：人格，才是最高的学位。

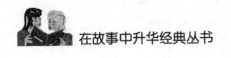

鸡毛掸子中的爱

教育的水是什么？就是情，就是爱。教育没有了情、爱，就成了无水的池，任它方形也罢，圆形也罢，总逃不了一个空虚。

上个星期那节美术课，班里的气氛好极了，孩子们都像被一种家庭一样的氛围包裹着。在这样一种博爱之中，评画时，我找不到教鞭，教室里的一个鸡毛掸子，它的毛快掉光了，只有几撮稀稀啦啦地粘在上面，我只好拿起那个鸡毛掸子暂作教鞭。刚拿起来，就有孩子问道：老师，你拿这个干什么，是不是要打人？

我心里咯噔一下，难道现在的家长还用这个打孩子吗？我问孩子：这是什么？他们说鸡毛掸子。我说它有几种功能？我想考察一下孩子们是不是还被鸡毛掸子打过。他们一下子炸开了，开始讨论，最后得出的结论是鸡毛掸子有三种功能：一是弹灰，二是打人，三是当教鞭。

说来也巧，刚得出结论，有个女孩哭了起来，原来她的画被人用橡皮偷偷破坏了。我说谁干的？站出来，要勇敢面对自己做的事情，敢做敢当！我的口气坚定而严肃，但目光是慈爱的，我的目光扫过每张脸，一边扫一边将鸡毛掸子在手心里敲得啪啪直响。我想试一试这啪啪直响的鸡毛掸子、坚定的口气与慈爱的目光加在一起的结果能不能使孩子勇于承认自己的错误，而不是害怕老师。有个男孩高高举起了手。我说请你上来，他上来了……

我对全班说：这位同学能够勇敢地承担错误，勇敢地站了出来，他是英雄，请大家为这种勇敢的行为鼓掌！掌声哗地响了起来。

我问："是你把她的画擦坏了？"他点点头。我说你知道破坏他人的东西是属于什么性质的错误吗？他说干了坏事。我说：对于成人来说，破坏他人的财物和身体就算犯法行为，你知道对于犯法的人是怎样处理的？他说老师，教室有没有监狱，把我关在里面。我说教室里没有监狱，但我们也可以用其他的方式对你惩罚。他说怎样惩罚？我说：现在你有两种选择，一个是帮人

家把画画好，另一个是让我在你的手上打五下。

出乎我的意料的是，他选择了后者，就是让我在他的手上打五下。这时我发现我犯了一个错误，作为老师，我不可能用打的方式来表示我对了、他错了，要是这样，他会形成一个概念：在他对了、别人错了的时候，就可以用打的方式对待别人。再说，在教育孩子的时候，如果让他感觉到是用自己的皮肉之苦来抵消所犯错误的话，不但不能彻底解决问题，孩子还会用皮肉之苦替代了对他人造成了伤害的负疚心理。这是对爱的扼杀。我站在那儿，脑子飞快地转，心想怎么解决这个问题。突然，我发现这是个极好的机会。

我说："你用粗暴的方式使那个同学伤心，老师不能再用同样方式使你伤心。要是老师用了这样的方式，就会与你犯了相同的错误。我不会用鸡毛掸子打你，但必须惩罚你的错误。"

他说老师，那么办？我说老师再给你一个选择的机会，一是把他的画恢复原样，二是向她道歉。他说老师，你还是打我五下吧，我不想给她画画，也不想道歉。我说你必须对你的错误作出补偿。我告诉全班：我们要耐心等待。

那个女孩举起手说：算了算了，我自己把画画好。

显然女孩的行为感动了这个男孩，他马上转过身子，对着女孩大声说：对对对，不不不，起起起。全班同学大笑起来。

我对同学们说：我们大家有没有感觉到他们两人的高贵品质？让我们为他俩再鼓一次掌！掌声落下，男孩朝着我举起了两只手，我以为他有话要说，就把头低下来，他搂着我的脖子，当着全班的面在我的脸上重重亲了一下。顷刻，一股幸福的电流传遍了我的全身。

孩子特别能感觉美好的东西，只要你感动了他，他的心灵就会变得高尚起来。这就是爱的交互。爱是一种能量，这种能量可以互换。

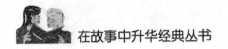

有刺的蓖麻籽

机智会在孩子们的心灵上留下痕迹。

我当过整整十年的教师，大学、中学、小学都教过。当惯了教师就容易讲究师道尊严，面对学生，总觉得自己一贯正确。其实，教师常有马失前蹄的时候。

我教过的一位高中生，曾对我讲过她自己碰到的这样一件事。

小学一年级时，在学校发展第一批同学加入少先队之前。上学的路上，她经常和一个小男孩一起走，因为这个小男孩先天残疾，有一次半路上，他挨了一个大男孩的打。看见小男孩莫名其妙受欺负，她很气不过，冲上前一拳朝大男孩打去。谁知大男孩虽然身大力不亏，但因为没有一点防备，这一拳又正巧打在他的鼻梁上，小男孩被欺负没流血，大男孩欺负人反倒鲜血直流。于是，她被班主任老师———一位中年女教师叫到办公室，挨了一顿批评。批评的原因，在老师看来，很是简单明了：大男孩的鼻子流的血是如此"显山露水"。于是，班里第一批入队的名单里，没有了她。

她回家后，不吃不喝，气得哭了。父母问她为什么，她不说话，自己和自己生气。几天过后，那位中年女教师——她的班主任来到她家，手里拿着一条红领巾，还有一包蓖麻籽。老师亲切地把红领巾戴在她的脖子上，然后把蓖麻籽送给了她的父亲，并说了许多抱歉的话。其中有一句，她至今还记忆犹新："这孩子像蓖麻籽一样有刺儿！"

那时，校园内外种了许多蓖麻，用蓖麻籽可以炼油，用处很大。这位女教师，用自己独特的教育方式，向比自己小几十岁的学生承认了自己的过错。我不知道她在送学生红领巾的时候，怎么会灵机一动，突然想起了蓖麻籽？这绝对是灵感，蓖麻籽使得教师认错这一简单的事情，化为了教

育的艺术，并成为她的学生一辈子永不忘却的美好回忆。我认为，再高明的教师，也会有闪失的时候。但闪失过后，能向自己的学生主动认错，已是难能可贵的了，若再将这认错的过程变为育人技巧，则不是每一位教师都能做得到的。

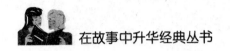

老师口中的"瓦工"

事实证明，作为人成长途中所接触的重要角色，教师的作用不仅是让你懂得什么，更在于悄悄改变你的人生。

我上小学三年级时，同桌是一位很马虎的男孩，成绩在班上属于倒数，老师们几乎都不喜欢他。最感头疼的是他的作业，不仅字写得没规矩，还喜欢在本子上乱涂乱画。终于有一天，语文老师忍不住了，当着全班同学的面，把他的作业本撕个粉碎，然后将他拖上讲台，要他当众检讨。男孩被弄哭了，老师又厉声问他："你父亲是干什么的？"男孩答道："瓦工。"老师似乎一下子找到了难题的答案："这就对了，瓦工是干什么的？是和稀泥的！怪不得你写字像和稀泥，原来是遗传！看来你也只是个和泥的料，这书念不成了，干脆回家跟父亲学做瓦工吧！"今天想起，老师讲的话也许是"恨铁不成钢"的气话吧，可那天以后，男孩果然没来上学，跟父亲学瓦工去了。我不想失去一位好同桌，想告诉他应该读书，却没有见面的机会。好多年过去，记不起是哪一年，我在路上偶然遇上他，他弓着脊背，像一个小老头，那时他还未过而立之年呢。我们相见，自然陌生了许多，彼此似乎想说点什么，但却不知从何说起。沉默了一会儿，我还是说出了以前曾想说的话："你为什么不念书呢？""我天生就是做瓦工的料。"他怯生生地回答。

……

在大学里，我学的是建筑专业。教导员是系里很有名气的学者，年龄不大，却已是副教授了。第一天上课时，他用富有感情的语调给我们讲了一个故事。

他说："我从事建筑学研究是缘于父亲。我家住农村，父亲是一个土生土长的乡间瓦工，虽然识字不多，但手艺在十里八村都是有名的。有一年，村里集资建小学教学楼，父亲被村民选为"总设计师"，当然不能与专业名称画等号。父亲凭多年的经验，画出了大致的框架。为了省钱，在材料上，父亲

能减则减，绝不会浪费。三个月后，楼房交付使用。谁知一年后的一天中午，大梁坍塌，压死了两名孩子，还伤了十几人。责任追究下来，父亲被捕入狱。后经专家论证，设计和钢筋用量是合理的，但却忽视了钢筋本身的质量因素。父亲痛恨不已，不是因为自己，而是为那些死去和受伤的孩子。未到判决，父亲就匆匆离开了人间。检查尸体时，发现他手中捏着一张纸条，父亲在纸条上写道，自己应该受到最严厉的惩罚，决定以死来赎罪；并特别希望我好好读书，做一个合格的设计师，为人类设计出更安全更美丽的建筑物来。"说到这，教导员已是泪水涟涟。当时，我们都感动了，不少人眼睛红了起来……那堂课，什么也没上，但大学四年的学习成绩，我们班都是最好的。

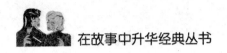

小男孩的愿望

请你任何时候都不要忘记：你面对的是儿童的极易受到伤害的极其脆弱的心灵，学校里的学习不是毫无热情地把知识从一个头脑里装进另一个头脑里，而是师生之间每时每刻都在进行着的心灵的接触。

有个塌鼻子的小男孩，因为两岁时得过脑炎，智力受损，学习起来很吃力。打个比方，别人写作文能写两三百字，他只能写三五行。但即便是这样的作文，他同样能写得美丽如花。

那是一次作文课，题目是《愿望》。他极其认真地想了半天，然后极认真地写，那作文极短，只有三句话：我有两个愿望，第一个是，妈妈天天笑眯眯地看着我说："你真聪明。"第二个是，老师天天笑眯眯地看着我说："你一点儿也不笨。"

于是，就是这篇作文，深深地打动了他的老师，那位妈妈式的老师不仅给了他高分，在班上带感情朗诵了这篇作文，还一笔一划地批道：你真聪明，你的作文写得非常感人，请放心，妈妈肯定会格外喜欢你的，老师肯定会格外喜欢你的，大家肯定会格外喜欢你的。

捧着作文本，他笑了，蹦蹦跳跳地回家了，像只喜鹊。但他并没有把作文本拿给妈妈看，他是在等待，等待一个美好时刻。

那个时刻终于到了，是妈妈的生日———一个阳光灿烂的星期天。那天，他起得特别早，他把作文本装在一个亲手做的美丽的大信封里，信封上画着一个塌鼻子的男孩子，那小男孩咧着嘴笑得正甜。他静静地看着妈妈，等着妈妈醒来。妈妈刚刚睁眼醒来，他就甜甜地叫了一声"妈妈"，然后笑眯眯地走到妈妈跟前说："妈妈，今天是您的生日，我要送给您一件礼物。"

妈妈笑了："什么？"

他笑笑："我的作文。"说着双手递过去那个大信封。

接过信封，妈妈的心在怦怦地跳！

果然，看着这篇作文，妈妈甜甜地涌出了两行热泪，然后一把搂住小男孩儿，搂得很紧很紧，仿佛他会突然间飞了。

是的，智力可以受损，但爱永远不会，它朝气蓬勃，永远垂着绿荫，开着明媚的花，结着芳香的果。

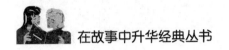

他们都在看我的耳朵

我一切为了孩子。从早到晚，我一个人和他们在一起，我的双手供给他们身体和心灵的一切需要。他们直接从我这里得到必要的帮助、安慰和教学。

这是一年级的第一堂课。40双眼睛注视着老师，学生们屏息静听老师介绍学校的情况和小学生行为规范。当女教师讲到手、耳朵、衣服要干净清洁的时候，全班学生把小手放在课桌上端详起来，甚至互相看起来。女教师看到了坐在前排位置上的一个小男孩耳朵很脏。她看了他一眼说："大家看，格里河的耳朵多脏。他没有洗过，这样是不可以上学校的。"

男孩子脸一红，随后转为苍白。39个孩子看着他，一些孩子出于儿童的好奇，另一些出于同情。这男孩羞愧得真想把脸藏起来。

女教师觉得自己这种做法是成功的，所以很满意。"好啦，这孩子以后可不会再带脏的耳朵进校了。"她这样想了想，便接下去讲其他内容。她没有察觉到，虽然格里河一动不动地坐到了下课，但他的眼睛已不再注视老师的一举一动了。他的眼睛因饱含泪水而睁得大大的。女老师没有感觉到她的话给孩子造成了多么大的痛苦，使他甚至想哭都不能够。这是格里河初次尝到的真正的痛苦。

次日，格里河没有来上学。女教师并不重视这件事，因为除格里河还有两个男孩也没有来校。第三天，格里河来校，头发剪得短短的，耳朵和手都洗得干干净净的，穿着一件白衬衫。但不知什么缘故，他紧张地凝视着一点——不知是课桌还是黑板。可是女教师只注意到他的洁净的耳朵和手，而没有觉察到这种非一般7岁儿童所有的精神紧张。

算术课上，孩子们已经会熟练地用计算棒从一数到十，只有格里河数起来没有把握，常常数错，而且因为手发抖而不能把小棒放好。他总觉得似乎全班都在看他的耳朵，便把头垂得更低。可是女教师连这一点也没有看出来。她想，格里河只是注意力不集中，心不在焉，因而责备他："要用心听讲呀！"

　　就这样，女教师一次又一次地用不公正的指责加重了他的错误。第一学期末，格里河的算术和阅读成绩都是两分。女教师说他学习成绩不好的原因是懒惰，注意力不集中。成绩单发下去后，格里河的母亲坚决要求把儿子转到别的班去。

　　原来孩子终于把自己的痛苦和一肚子的委屈都告诉了母亲。他眼泪汪汪地对母亲说，全班同学都在看他的耳朵。

　　格里河转到另一个班后，成了一个勤奋、专心听讲和坐得住的学生。尤其突出的一点是：原先的那位女教师认为格里河没有学数学的天分，可是他到了五六年级就已表现出学习这门学科的很高的才能。

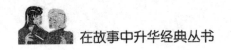

第一百支粉笔

教育需要智慧，有智慧的教师才能培养有智慧的人才。

我有一件珍贵的收藏品，小心的用绸布包着，然后用一只精美的木盒装起来，放在家中最安全的地方。

那时，我在班里是有名的混混儿，常常半夜外出打台球，看录像，白天则在课堂上睡觉，无所事事，学业几乎荒废。我交的朋友也很滥，一次为了能有一笔请社会上的哥们看电影的钱，我铤而走险，在深夜12点偷校园里的自行车，恰好被夜巡的保安当场捉住。他们马上通知我的老师，并且要送我去派出所，这时我才感觉到"罪责不轻"，心中很是惧怕起来。

老师来了，他向保安询问了情况，然后请保安不要送我去派出所，希望这事由他来处理，缘于老师在学校很有威望，于是保安同意了。

深夜，老师把我带到办公室，久久不说话，我深深地埋着头，好一会儿，老师拉开了抽屉，拿出一盒粉笔。

"过来，看看这是什么？"老师终于开口了。

"粉笔。"我胆怯的回答，不知老师如何处置我。

"对，是粉笔，现在你拿起一支，举过你的头顶。"老师对我说。

"干什么？"我不解地问道。

"先不要问那么多，按我说的去做。"

我想我是犯了法的学生，只能按老师的要求去做，于是从盒里抽出一支粉笔，举过了头顶，只是这样举着，老师又不再发话了，过了很长时间。

"松开你的手指！"沉闷中老师发话了。

我的大脑几乎有些麻木，机械的执行着老师的指令，只听"啪"的一声，雪白的粉笔掉在地上，摔成了三截。看着脚下的碎粉笔，我显得不知所措，还没回过神来，老师又说，"再拿一支，举起来，然后松开手。"

我还是机械的重复着老师的指令，脚底下又多了几截碎粉笔。

"接着这样做下去！"老师还是这样说。

"为什么？"我迷惑地问道。

"接着做下去，你也许能有所体会。"

三支、四支、五支、六支"……

粉笔盒里的粉笔越来越少，地上的碎粉笔越来越多，白刷刷的发着暗暗的光。当我抽出最后一只粉笔，举过头顶，刚要松开手，让这支粉笔去经历碎裂的命运时，突然，我脑海中闪出一个念头，心间有被疏通的感觉，牢牢地抓住了这第一百支粉笔，对老师说，"我不摔了，我知道你的心思。"

"说说看，你悟到了什么？"

"老师，你把粉笔比作了我，让我自己好好地把握住，不然的话就会断作两半，甚至粉身碎骨……"

"好小子，你总算明白了。是啊，人生的价值，何尝不是这样一支脆而净的粉笔呢，如果把握不好，一旦落地摔碎，如何能复原？南风啊，你做错了一件事，虽然不至于粉身碎骨，但若不小心的去把握自己，后果也是不堪设想呀，知道吗，老师就是想用这一盒粉笔的代价让你明白这个道理呀。"

"老师，知道了。"看着这一地的碎粉笔头，我第一次信了老师的话，而且是坚信，"老师，第一百支粉笔我不能再摔了，我一定把它小心的收起来，成为我人生旅程上的警示牌，好吗？""是呀，人生时时需要警示，愿这最后的一支粉笔，能让你在人生的路上少些摔倒的经历，收起来吧。"老师的话里充满了爱意与期待。

从此，我小心的收起这支粉笔，先是放在一个专用的文具盒里，用碎纸屑围起来，一直完好无损的收藏到学业完成。

如今，经历了多年商海沉浮和官场历练的我，人生早已变得丰富和睿智。曾经抛弃了许多，也拥有了许多，但时刻系于心间，给我启迪和警戒的一件宝物，就是那支至今还完好无损的粉笔。

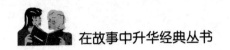

削梨的孩子

把忠心献给祖国，把爱心献给人民，把孝心献给父母，把关心献给他人，把信心留给自己。

这几年，我每学期都要在班上搞一次特长展示活动。这个学期的特长展示活动，我把它命名为"多彩的舞台"。早在一个星期前，我就让大家各自去准备，以便在"比武"那天"露一手"。不久，孩子们陆续将自己的"拿手绝技"报到了我这里。他们的特长真让我有些眼花缭乱：手工、书法、唱歌、独舞、水粉画、电脑、弹钢琴、打乒乓球……全班有47名学生都报了节目，惟独缺一个叫刘巍的孩子。

刘巍是今年从农村转来的，学习很差。他的父母对我说，不指望他能学成什么，只要求他不违法犯罪就行。我想：我搞这种特长展示活动的指导思想，是面向每一个学生，刘巍怎么能不参加呢？于是，我把刘巍找来，热情地鼓励他参加特长展示活动。刘巍低着头自卑地说："汤老师，不是我不想参加，只因为我什么都不会。"我慢慢启发他："不管是什么，只要是拿手的，都可以展示出来！你千万不要拘束。"刘巍却急得快哭了："汤老师，我真的什么都不会！"

我想了一下说："既然这样，你慢慢想一想，想好了再告诉老师吧。"第二天早上，刘巍找到我怯怯地问："老师，我会削梨，每次家里来客人，爸爸都让我削。请问削梨能算是特长吗？"我当即拍板："就这个了，行！"

开班会那天，我隆重地请刘巍同学表演削梨。在大家好奇的目光下，刘巍拿出了一只黄澄澄的大鸭梨和一把小刀，两手飞快地旋转。不一会儿就削出了一整条细细的果皮，真是干脆利落！那只梨子圆滑晶莹，匀称漂亮。那条细长的果皮展开了足有两米长，就像一条金色的缎带。同学们都情不自禁地鼓起掌来。

　　那一天，刘巍显得特别兴奋，拿着我奖给他的硬壳笔记本，飞跑回家报喜。从此，刘巍学习可带劲了，虽然许多课听得很吃力，可他始终没有放弃，一直坚持下来，他的学习成绩也有了很大提高。

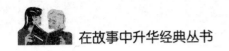

最美的眼神

在对人的影响上，爱的浇灌与人性的感召永远比任何形式更重要！

一所重点中学百年校庆时，恰逢德高望重的老教师雒老师八十寿辰。雒老师一生极富传奇色彩，他所教过的学生，许多已经成为蜚声海内外的教授、学者以及活跃在时代前沿的 IT 精英。是什么原因使雒老师桃李满天下呢？学校决定在百年校庆之际，把这个谜底揭开。

学校给雒老教过的学生发出一份问卷，其中最重要的一条是，雒老师的哪些方面最让他们满意。五花八门的答案很快反馈了回来，有人认为是他渊博的学识；有人认为是他风趣的谈吐；有人认为是他循循善诱的教学方式；有人认为是他兢兢业业的工作作风；有的学生说喜欢他营造的课堂氛围；有的学生干脆说，雒老师的翩翩风度是他们最满意的。

学校对这些答案并不满意，在学校看来，这些闪光之处，也可能是其他老师所具有的，并没有代表性。于是，学校在众多的学生中，选出 100 位最有成就的人。学校认为这 100 位学生的成功，肯定或多或少受到了雒老师的影响。为了得出较为一致的答案，这次的问题很简单：你认为，雒老师的哪一方面对你的人生影响最大。

答案很快反馈了回来。出乎预料的是，这次的答案居然惊人的一致。几乎所有的学生认为，雒老师给他们人生影响最大的，是他的眼神。

这下轮到组织者为难了，本来他们打算通过这种问卷的形式，揭秘雒老师，然而"眼神"这个答案非但没能起到揭秘的效果，反而使事情更加扑朔迷离了。

百年校庆的庆祝大会隆重地举行，校长讲完话后，便是各界名流的致辞。一位知名的教授上台，先向端坐在中央的雒老师深深地鞠了一躬，然后说："今天我有幸能站在这里，与大家共聚一堂，首先得感谢雒老师。我刚上这所中学的时候，成绩非常差，说实话，那时我已经丧失了信心和勇气。正是雒

老师，把我从困难中拯救了出来。此前母校做了一次问卷调查，问雏老师对我们影响最大的是什么。我的回答就是他那会说话的眼神。是的，那时候，同学看不起我，父母对我也失去了信心，然而雏老师的眼神中流动着鼓励和肯定，像一股暖流，温暖着我自卑和沮丧的心。我就是从他的眼神中得到前进的信心和力量，一步一步走到现在的……"另一位学者致辞的时候，笑着说："上中学的时候，我最讨厌老师的偏袒，比如偏袒成绩好的，偏袒女生，因为讨厌老师，导致我很厌学。雏老师公正无私的心底，像一方晴朗的天空，清澈、洁净、透明，从他的眼神中流露出来的是种公正的力量，使我的心也变得晴朗起来……"

后来上台的学生中，大凡雏老师教过的，无一例外地谈到了雏老师的眼神。有的认为，雏老师的眼神在严肃中传递着爱意；有人认为雏老师的眼神在安静中透着温和；有的同学认为雏老师的眼神中蕴满父亲般的慈祥；有的同学认为雏老师的眼神就是一条汩汩流淌的河流，在不断地荡涤着人的心灵……最后，有一位50多岁的教师走上了大会的主席台。他说："我也是雏老师的一名学生，而且在一所中学也教了二十几年的书。我一直有一个心愿，就是想让自己也像雏老师一样，把最美的眼神传递给学生。开始的时候，我总不能做好，后来我渐渐发现，能够传递这样美的眼神的人，需要的并不多，那就是你必须有一个满浸着人间大爱的灵魂。这样的一个人，才会生长出最人性的枝蔓，才会漫溢出爱的芳香。"

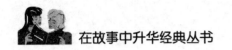

一只癞蛤蟆

固然，许多事有赖于学校一般规章，但是最重要的东西永远取决于跟学生面对面教师的个性，教师的个性对年轻心灵的影响所形成的那种教育力量，是靠教科书、靠道德说教、靠奖惩制度等无法取代的。

韩老师从教育学院毕业后，被分配到一所中学任教。去学校报到那天，校长对她说："你来，我们表示欢迎。但有个条件，你必须接那个谁都调教不好的差班。"韩老师犹豫了片刻，然后就极为爽快地答应了。

开学第一天，教务主任带着韩老师径直来到班上，先把老师的情况给学生们介绍了一番，然后就出去了。韩老师走上讲台，对大家说："我的名字是这样三个字……"说着，韩老师把手伸向讲台上那个带盖的木制粉笔盒，想拿出一根粉笔在黑板上写板书。谁知一揭开盒盖，里面竟趴着一只癞蛤蟆！它个头还挺大，看样子足有半斤重。那家伙以为韩老师要伤害它，身子使劲儿向下伏着，眼睛挤成了一条缝，一身绿色的癞皮疙瘩让这位刚登上讲台的年轻老师感觉像有无数蚂蚁在身上爬。

此时，教室里鸦雀无声，五十多双眼睛紧紧地盯着那个粉笔盒。韩老师的脑子在飞快地运转着。她马上想到，这是学生们想给自己一个"下马威"，一旦癞蛤蟆跳出来在桌上一蹦，全班就会爆发出一片哄笑，而自己也会陷入极为难堪的境地。思虑及此，韩老师迅速镇定了一下自己的情绪，然后壮着胆儿一把抓住了癞蛤蟆。把它抓在手中后，才感到它并不像自己想像的那么可怕。当韩老师把癞蛤蟆举起来时，全班学生都惊呆了。这时，韩老师忽然又发现粉笔盒里还附有一张纸条，上面写着："老师，你刚来，没有什么好东西孝敬你，就送你一只癞蛤蟆吧，请笑纳！"韩老师微微一笑，说："如此看来，这是大家给我的见面礼啊。"教室里一片寂静。

"好吧，我就谢谢大家了！"说着，韩老师向下面微微鞠了一躬，"今天，我们的第一课就从这癞蛤蟆说起。癞蛤蟆学名叫蟾蜍，它没有声囊，所以不

会叫；它身上这些小疙瘩里面储藏着一种白色毒液，叫蟾酥，是用来抵御敌害的；此外，蟾酥还可以用来制成中药，有强心、镇痛和止血的作用。传说月亮上有蟾蜍，所以我国古代诗文常用它来比喻月亮，例如，'蟾宫'就是指月亮，'蟾光'就是指月光。有一条成语叫'蟾宫折桂'，意思是到月宫去折取桂枝，人们常用以喻指科举时代考试被录取……

"你们注意看蟾蜍的皮肤，它是由绿、黄、黑三种颜色混合而成的，很像是军队战士穿的迷彩服。这是在千万年的生存竞争中形成的一种适应。适应既是一种本能，也是必需的。人在进入社会后同样需要适应，需要学会生存的本领，也就是各种技能。学习各种技能，首先要有科学文化知识作为基础。现在，你们正处于中学阶段，正是打基础的时候。我的任务呢，就是帮助你们打好这个基础。今天，你们送我一只癞蛤蟆，明天我要送你们一车财富，那就是知识"……"

下面不知是谁带头鼓起掌来，骤然间掌声四起，响了很久很久……

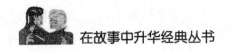

俺家的太阳从北边出来？

如果一个教师仅仅满足于获得的经验，而不对经验进行深入地反思，那么，即使是有 20 年的教学经验，也许只是一年工作的 20 次重复。

一个小学老师讲过一个这样的故事：

1978 年，我在一所农村小学教书。一天上午，我给学生上自然常识课，领着学生来到院子里，面对教室，告诉学生，前北后南，左西右东，太阳每天都从东边出来。学生被这种活灵活现的教学方式吸引了，兴趣盎然。

第二天，我让学生回答问题：太阳从什么方向出来？学生们都回答从东边出来。然后，我又问学生还有什么疑难问题。这时，一个学生站起来问："老师，为何学校的太阳从东边出来，俺家的太阳从北边出来？"学生们哄堂大笑，我也觉得奇怪，问那个学生："你根据什么说太阳从北边出来？"学生回答："就是按您说的办法，回家一做，结果太阳就从北边出来了。"我点点头，没再说什么。

星期天，我去这个学生家家访，一进到院子，我恍然大悟：原来学生家的房子是坐东朝西的，学校的教室是坐北朝南的。我暗自庆幸当时没在课堂上批评学生。

星期一上课，我说："同学们，我犯了一个错误，我们辨别方向时，不能面对房子，因为房子有坐北朝南的，也有坐东朝西的，还有其他方向的。上次说太阳从北边出来的同学上课很认真，是老师教学的错误导致他回答错了，我向他道歉。"这时，那个学生满脸幸福。随后，我又讲了正确辨别方向的方法。

这个故事深深印在我的脑海里，每每想起，我都很受启发。每当面对学生的错误回答时，我都告诫自己，不要简单地给予批评否定，要深入调查，研究学生出现错误的原因，反思自己的教学得失。正是在这个故事的启迪下，我不断提高着自己的教学水平，逐渐成长为一名成熟的受学生欢迎的教师。

不要漏掉学生的名字

永远不要企图掩饰自己知识上的缺陷，即便用最大胆的推测和假设去掩饰，这也是要不得的。不论这种肥皂泡的色彩多么使你们炫目，但肥皂泡必然是要破裂的，于是你们除了惭愧以外，是会毫无所得的。

新学期开学，一个老师在点名时，被"赵志枨"这个名字难住了。前两个字已经读出口了，这第三个字到底读什么呢？他想凭感觉读一下，又怕读错了，一时间觉得非常尴尬。最后，他老实地告诉学生："对不起，这个字我不认识，大家能告诉我吗？"说着他把那个"枨"字工工整整地写在黑板上。

"老师，这个字读'cheng'，我叫赵志枨（cheng）。"一个男生站起来大声说。伴着他响亮的回答，教室里响起了热烈的掌声。这掌声是给真诚的老师的，因为学生们见惯了原来那种虚伪的"教育机智"。

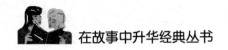

教师的另一种贫困

只有教师的知识面比学校教学大纲宽广得多，教学大纲的知识并不处在大脑的中心，而是处在大脑皮层最积极区域的一个角落里，那时候，他才能成为教育过程的能工巧匠。

一位网友在某教育网站的论坛里写道：

我曾见到一名数学教师，很有敬业精神，一天到晚除了认真上课，精心批改作业，就是钻研各种难题。他对每年高考数学试卷的解答，总是最快最好。但报纸，从来不看一张；期刊，一年也翻不了几回；图书馆难得光顾，影视几乎不看。他觉得不能把时间浪费在这些上面。可是他的教学很一般，学生反映也不太好。对此，他很不解。请问，为什么他"好心没得好报"？这样的教师能说是好教师吗？

教师是人还是神？

只有人才能育人，神育人造就的只能是怪胎。

方老师的丈夫在外地工作，他们有一个四岁的女儿；方老师教初三数学，同时担任一个班级的班主任工作。一年夏初，复习进入白热化阶段。方老师每天早晨6点以前赶到学校，晚上10点以后才能回家。上幼儿园的女儿每天先随她到学校，等她安顿好工作后再送到幼儿园；晚上7点钟，她将孩子从幼儿园接回家，拔掉所有的电器插头，再将玩具堆放在女儿面前，然后反锁上家门到学校去辅导学生晚自习。

有一天，学校要进行模拟考试，一大早，女儿说自己"特别冷"，方老师摸摸她的额头，感觉有一点发热，但她没在意；晚上她把女儿接回家，女儿又说"特别困"，方老师便让女儿睡觉，自己急匆匆赶到学校去看学生晚自习。第二天，孩子说没力气起床，要求不上幼儿园了，在家里玩一天，她也就答应了。第三天，孩子说眼睛看不见东西，方老师便带女儿去医院检查。结果，医生说："孩子因为高烧，角膜已经软化穿孔，彻底失明了……"在一次"十佳教师"事迹报告上，方老师讲到这里不由得呜咽起来。但她平静了一下情绪，马上接着说："那一届学生十分争气，有一半学生考上了省重点高中。虽说为了他们的成功我付出了高昂的代价，但我觉得值！他们的成功是我一生的安慰与自豪！"

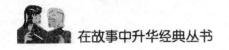

一个女班主任的一天

假如把牺牲性的行为看成是只对别人有意义而对自己毫无意义的行为，这恰恰意味着自己只不过是一件工具而不是一个显示着人生价值的人。

5:30 闹钟响了，一骨碌爬起来，关掉闹人的"叮铃铃"，看看熟睡中的老公、女儿，长舒一口气——还好，没吵醒他们。

5:45 从地下室里费劲地推出那辆"大洋125"，看看天，东方微露鱼肚白，不开生灯还是看不清路。一路风驰电掣，看见几个辛勤劳作的清洁工，心里直感慨：真是比教师还辛苦！

6:00 学生们陆续来到操场，很快站好了队。早操开始了，天也白了。与学生一起挥起手臂，气喘吁吁地跑了一圈又一圈，耳边是学生一浪高过一浪的口号声："我有潜力！我是朝阳！一——二——三——四！"心中顿生一种崇高之感："我不就是那托着太阳升起的人吗？"

6:20 早读开始了，学生们"哇啦哇啦"地背书。来回走动巡视，摸摸个别懒洋洋的头，"快背！老师要检查！"

6:50 带领学生到餐厅吃早餐。

7:20 检查学生清扫卫生情况，对打扫不净者勒令其速速重新打扫，顺带着把卫生委员也批评了一通。

7:30 任科老师站在了讲台上，第一节课开始了。回到办公室，倒了杯水，放了点茶，看看课程表是第二三节的课，赶紧打开备课本、教参、电脑、开始备课。

8:15 夹起书和备课本要去上课，才发现满满的一杯清茗尚未喝一口。在教室门口，抓到两位追逐打闹的学生，训斥了几句，上课时间到了。

9:55 嘹亮的号声响起，课间操时间到了。刚刚上完两节课，腰有点疼。随学生一起下楼站队，又在一浪高过一浪的"我有潜力，我是朝阳"中跑了一圈又一圈，脸热了，汗出来了。

10:15 爬上四楼办公室，腿发软，坐倒在"老板椅"里，突发感慨：坐着也是一种幸福。茶已凉了，倒掉，另换一杯。一眼瞥见两个班的周记本，交上来两三天了，快批吧！

11:00 下课的美妙音乐又响起来了，蓦然惊觉：总共才批了七八本。唉！面对周记本中的喜怒哀乐，怎么也得与学生进行一番心灵的沟通，批语写得多了一点。可是，一百多本周记呀，照这个速度……唉！

11:40 把学生送进餐厅，又叮嘱了一番：饮食营养要合理，不要太节俭，太委屈自己，更不要挥霍浪费，吃多少打多少。

12:00 终于到家了，两岁的乖宝宝扑上来喊"妈咪"，所有疲劳一扫而光。"吃饭了吗？""吃了，小肚肚都鼓起来了。"赶紧坐下来，吃那家人都吃过了的略有点凉意的午餐。知足了，这"饭来张口"的生活。

13:55 早已坐在教室里最后一个座位上，静候学生的到来。听说这两天有迟到的，倒要看看是谁！哦，还真有，揉着惺忪的睡眼，打着呵欠进了教室。拎至教室门外，又是一阵"苦口婆心"。

15:40 周记本批完了，心中一阵轻松："两座大山"打倒了，功夫不负有心人！催人奋进的号角声又响起来了，赶紧换鞋，下楼跑操！

16:00 回到办公室，桌上已多了几张扣分条："3408 床底下有一苹果核，扣 2 分"，"3210 晚 9:45 说话，扣 2 分"……不由得怒从心头起，卫生、纪律成天挂在嘴边，成天检查，就差亲自为他们铺床了，还犯！又一想，谁不犯错误？别生气，气坏了身子可不是闹着玩儿的。难得一闲，还是喝口热茶吧！对了，函授作业刚做了一点点呢！可刚铺开作业本，又记起今晚还有两节晚自习！明天又是一二节的课，收拾起作业本，备课！

21:30 熄灯铃响了，宿舍楼顷刻间沉寂下来，一片黑暗。好在走廊、楼梯里都有灯，一口气蹿至四楼，检查晚休。又是千叮咛万嘱咐：盖好被子，别感冒了，明早按时起床，别迟到了。

21:55 随"护花使者"——老公回到那个温暖的家，小宝贝早已进入梦乡了。

后记：一日，在大街上遇到一儿时玩伴，玩伴惊呼："哇！这么老了！是不是工作很累？"我忙堆起一脸笑（肯定皱纹也少不了了），曰："不累不累，是天生老相！"

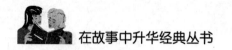

聆听是种无言的机智

一个好的教师是一个能提供接受性的、同情性的、真诚的和帮助性聆听的成人：他知道何时该保持沉默，何处该给予支持，以及如何提出一个问题，以便让双方分享的思想和感情的意义更加明了。

8岁的扬扬来到老师跟前，老师这时正忙着批改作业。从扬扬脸上的表情来看显然有些不对劲儿。"唔，扬扬，怎么啦？"老师问道。但是，扬扬还未说话便抽泣起来。"不要紧，扬扬，告诉我出了什么事。"老师一边安慰他说，一边把扬扬拉到身旁。可扬扬还是一个劲地哭。"你是不是和同学打架啦？""没有。""那你是遇到什么事了？""没有。""你是不是哪儿痛？"扬扬还是摇摇头。"唔，那究竟怎么啦？"老师问道。"不是你说的那些事"，扬扬说，"我感到很伤心。""非常伤心？"老师感到有点儿吃惊了。他开始怀疑扬扬出了什么更严重的事。当这个念头闪过时，他更仔细地观察扬扬。他是不是生病了？可是扬扬脸上除了泪水之外没有什么不正常的。"扬扬，我很担心。告诉我究竟怎么了？"老师催促道。"我对那只猫头鹰感到很伤心"，扬扬断断续续地说道。老师松了口气，接着问道："哪只猫头鹰？什么猫头鹰？"扬扬哭得更伤心了。"我刚读完了《家中的猫头鹰》，结尾太伤心了。"现在，老师完全放心了。"我懂你的意思了。扬扬，我读书也常感到很伤心。那故事一定感动你了。"扬扬点了点头。"让故事感动是件很美丽的事，你说是吗？"扬扬又点点头，然后问道："我能给你读一读最后一页吗？""当然，我很愿意听，扬扬。"老师说。

心疼学生的不懂

　　不能容许学校里总有一批学生，他们感到自己没有学好，干什么都不行，这不仅是一种心理上的创伤，而且也是一种直接的原因，使得某些地方总有一定数量的少年离开学校。

　　某学校组织老师到一所中学参观。先听一节课，再座谈。有个老师是教中文的，想听一节语文课，可是课表上当节没有语文课，于是，这个老师被安排听一节英语课。老师讲的是语法复习课。他讲得"不错"，讲了每个知识点的多种题型和考试可能性。可是，这个老师无心听讲课内容，就观察起了教室。那教室是很破旧的，墙和顶的石灰多处脱落，一面采光。六盏日光灯，用铁丝挂着，无反光板。课桌是铁架木面，没有夹板，学生多用塑料绳绷着作夹板。于是又数学生，全班53人，有42人戴眼镜。学生衣着简朴，显得苍老。他似乎明白了这所学校升学率高的原因。他觉得坐了很长时间了，该要下课了，一看表，才过了20分钟。他只好继续坐着，视而不见，听而不闻，不知所云，没有兴趣，打不起精神，就盼下课，看着秒针一步一步地走。45分钟，怎么这么长！再看看一同来听课的领导、老师，有看窗外的，有望天花板的，有打呵欠的，也有看表的。他深深感到，听自己不愿听或听不懂的课是个什么滋味！这样听下去，几节、几天，简直要叫人发疯。这时他注意到身边的一个孩子，整堂课他都很安静，没举一次手，也没什么表情。就趁老师让做题期间，问他："老师讲的你听得懂吗？"这学生摇摇头，说："我一点都不懂。"

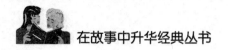
一个差生的经历

教学的艺术不在于传授本领，而在于激励、唤醒、鼓舞。

一提起韩峰，老师都感到头痛，他是全年级闻名的差生。上课不听讲，专同老师唱反调，成绩名列全班倒数第一。对老师的劝告，他充耳不闻。久而久之，老师也就懒得理他了。

在家里，父亲没什么文化，只会用拳脚来管教韩峰，只有奶奶最疼爱他。

高二那年，奶奶去世了。奶奶在临死之前，将他叫到跟前说："小峰，奶奶不想死，奶奶放心不下你！"那天，韩峰哭了，哭得很伤心。他恨自己，他觉得自己很对不起奶奶，他发誓再也不让任何人为自己操心。那天之后，韩峰就像变了一个人。

期中考试临近了，韩峰每晚都复习到深夜。原本基础就不差的他，再加上这段时间的努力，进步很快。

一转眼考试的日子就到了。功夫没有白费，韩峰做起题来得心应手。走出考场，和同学们一起对答案，更增强了他的自信心。韩峰觉得自己这次会给所有的人一个惊喜。

果然，这次考试韩峰名列全班第九。公布成绩那天，同学们都惊呆了。韩峰心里很高兴。但老师接着就宣布此次考试成绩无效，因为就在考试的前一天晚上，锁在老师抽屉里的答案不翼而飞了。老师宣布这个消息时，眼睛不知是有意的还是无意的一直注视着韩峰，同学们好像明白了什么，也将目光投向了韩峰，而此刻的韩峰还沉浸在胜利的喜悦之中。下课时，老师说："韩峰，到我办公室来一下。"

来到班主任的办公室，韩峰发现教导主任也在。

"知不知道我为什么叫你来？"

"不知道。"

"那你知不知道答案失窃的事？"

"知道，刚刚你才说过。"韩峰一下明白了。自己进步神速，引起了老师的怀疑。

"韩峰，你不要再装了。老实讲，到底是不是你干的？"教导主任已经沉不住气了。

"我就一直奇怪，你怎么会进步这么大！我就知道狗是改不了吃屎的。"从语气中班主任已认定他是偷答案的人了。

"随便你们怎么说，反正我问心无愧。"韩峰冷冷地说道。说罢将门用力一关，跑出了办公室。

"韩峰，你回来，你还没有说清楚！"教导主任在他身后喊着。韩峰跑得更快了。

还没走到教室，韩峰就听见了同学们的议论声。他当然明白他们在议论什么。

韩峰一出现，议论之声就停止了。韩峰什么也没有说，径直走到自己的座位上。

班上另一差生笑嘻嘻地走过来，拍了他一下，说道："嘿！哥儿们，你可以哟！胆子可真够大的，下次有这种好事……"

"滚！"没让他说完，韩峰便跳了起来将他推开了。

"呸，还不是跟老子一样的货色。只不过会撬锁而已。"那人自讨没趣地走开了。

韩峰正趴在座位上生气，他的好朋友陈旋走了过来。

"韩峰，这次你可太过了。"

"真的，我没干那事儿。"

"别装了，我们全知道了。"

"怎么，连你也不相信我？"韩峰惊呆了。

"事实如此，叫我怎么相信你。"

韩峰脑子里乱极了，这次真的是跳进黄河也洗不清了。

回到家，刚一开门父亲的拳头便没头没脑地打了下来。原想在家里找点安慰的他彻底绝望了，他没有再解释什么，因为他知道父亲永远只会相信老师的话。现在解释只能招来更多的拳脚。韩峰流泪了，不是因为肉体上的痛苦。此刻，他精神上的痛苦远远超出肉体上的。

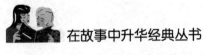

　　晚上，韩峰久久不能睡去。他想不通：以前的劝告、父亲的责骂不就是为了让自己进步吗？为什么自己的进步换来的却是更多的责骂，他实在想不通。

　　以后，韩峰又变成了以前的韩峰。期末考试他再次名列全班倒数第一。这次没人怀疑了。直到今天，一提起韩峰，所有年级上的老师没有不头痛的。

呵护孩子的创造性

教育具有开发创造精神和窒息创造精神这样双重的力量，作为"传道、授业、解惑"的人，没有什么比教师的思想僵化更可怕了。

（一）

有这样几个小学生的语文造句：

想——我想听到花开的声音。

活泼——河里的水很活泼。

丢——上街时，毛毛把爸爸丢了。

爬——牵牛花像个小弟弟，爬在树上。

应该说，这些句子不仅对词意理解正确，而且造得生动传神，不落俗套，然而，我们的老师都给打了个"×"，因为不合情理，不合逻辑——小学生们仅有的一点点创造性嫩芽，就这样被摧残了！

（二）

一个孩子的母亲，因孩子把她刚买回家的一块金表当成新鲜玩具给摆弄坏了，就狠狠地揍了孩子一顿，并把这件事告诉了孩子的老师。不料，这位老师却幽默地说："恐怕一个中国的'爱迪生'被你枪毙了。"这个母亲不解其意，老师给她分析说："孩子的这种行为是创造力的一种表现，你不该打孩子，要解放孩子的双手，让他从小就有动手的机会。"

"那我现在该怎么办？"这位母亲听了老师的话，对自己的行为后悔不已。

"补救的方法是有的。"老师接着说："你可以和孩子一起把金表送到钟表铺，让孩子站在一旁看修表匠如何修理。这样，钟表铺就成了课堂，修表匠就成了先生，你的孩子就成了学生，修表费就成了学费，你孩子的好奇心可以得到满足。说不定，他还可以学会修理呢！"

看老师如何吻一头猪

我们必须会变成小孩子，才配做小孩子的先生。

在国外教育中，教师毫不吝啬地给予学生大量的鼓励，有的鼓励甚至别出心裁。

在英国南部的一所学校里，有一位老师调任一个差班（后进班）的班主任，这些孩子很调皮，爱捣蛋。老师第一堂课就跟他们玩，玩得天昏地暗。下课了，老师对他们说："孩子们，你们要是把学习成绩搞上去，我就去吻校外放牧场里的一头猪。"

这些调皮的孩子问："老师，这是真的吗？"教师接着说："是的，而且我还要吻的是一头你们认为最大的那头母猪。"孩子们乐坏了，他们都想看老师去吻一头猪。从那天起，他们的课堂纪律变好了，学习积极性很高，即使有贪玩的，别的孩子也会提醒："难道你不希望看到老师去吻那头大母猪吗？"

半年后，孩子们的学习成绩有了很大的进步。在圣诞节前夜，孩子们对老师说："老师，你可以去吻那头猪了吗？"老师说："当然可以。"于是，老师带着这群孩子穿过公路，来到放牧场。孩子们在猪圈里找到了一只又大又肥的母猪，老师走近那头大猪，轻轻吻了它。孩子们在猪圈外笑得前仰后合，手舞足蹈。

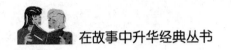

哭泣的贺卡

真正的教师如果是出于良好的动机而做事急躁、考虑欠周，儿童是会谅解的。可是儿童不会原谅那些态度冷淡、缺乏感情、好作长篇说教、总想置身于孩子的忧虑与激动之外的教师。

期末检测的前两天，第四节下课后，高老师正准备到办公室去，班上一名叫王丽的同学悄悄地跟在老师的后面，羞涩地递给她一张漂亮的贺卡，贺卡上写着："老师，祝您身体健康，工作顺利！"高老师高兴地向她道了谢，然后回到办公室，随手把它放在其他贺卡的上面，就到食堂吃饭去了。

中午食堂吃鱼。高老师刚把饭吃完，午睡铃就响了，她快步向教室走去，督促学生午睡。才走到半路，班长上气不接下气地跑来，告诉高老师："老师，王丽同学在教室里使劲地哭，我们怎么劝也劝不住。"高老师听了满心疑惑："刚才好好的，怎么就哭了呢？"她心里嘀咕着，三步并作两步来到教室。

教室里的女同学都围在王丽的座位旁劝着她，见老师进来，她们赶紧散开坐到自己的座位上。只见王丽脸上淌着一片泪水，两只肩膀一耸一耸，显然是哭得很伤心。教室里静下来，她的哭泣声就越发清晰。

"王丽，怎么啦？"高老师来到她的身边小声地问道。听到老师的问声，她显得更加伤心，竟放声大哭起来，老师越是追问，她的肩膀越耸得厉害。突然，高老师发现她的手臂下压着一张贺卡——那不是她刚才送给老师的那张贺卡吗？怎么又回到了她的手里？而且上面还有一些鱼刺呢。

几个知情的同学把高老师叫到一边，告诉了老师王丽痛哭的原因：

同学们吃过午饭后就往教室里走，经过老师的办公室时，有个同学在办公室门前的垃圾桶里捡到了这张贺卡，恰好被王丽看见了。她以为是老师扔掉的，抢过贺卡就跑到教室里大哭起来。她认为老师看不起她的贺卡，把她的贺卡丢进了垃圾桶里。知道了原因后，高老师向她再三解释，可她还是哭个不停，也不肯把那张带有鱼刺的贺卡再送给老师。此时，那一根根鱼刺就

像一根根钢针扎在老师的心上，让高老师痛不可忍。她知道，自己在无意中深深地伤害了一颗至真至纯的童心，高老师为自己的粗心和大意痛悔不已。

带着懊悔的心情高老师回到办公室，一会儿就弄清了事情的真相：原来一位老师在高老师办公室吃饭时，顺手拿起王丽送给高老师的贺卡放鱼刺，吃完饭后，他就把带刺的贺卡丢进了垃圾桶。听到这里，高老师连忙跑进教室向王丽说明了一切，她听后破涕为笑，并把那张带刺的贺卡重新送给了老师……

这张带鱼刺的贺卡成了高老师永久的纪念，这里面深藏着一颗晶莹、纯真而又不可欺的童心，她特意把贺卡过塑后压在办公桌的玻璃下，让它时常提醒自己，鞭策自己……

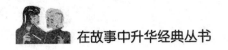

认认真真地做每一件事

一滴水可以折射太阳的光芒。

有一位很年轻的特级教师异地献课，在授课的阶梯教室坐满了上课的学生以及慕名而来的观摩教师，大家都想一睹这位年轻特级教师的风采。上课铃响起，从观众席上站起一位相貌平平、腋下夹着讲义的小个子教师，他快步走向讲台，远没有人们想象中的那么"儒雅倜傥"，台下一阵嘘声。

年轻人站在讲台上，平和友善的环顾有些躁动的人群，宣布"上课"，全体学生起立，有一些观摩教师眯着眼坐在座位上一动不动，教师示意大家坐下。当他要放下讲义时，发现讲桌上有一层淡淡的粉笔灰尘，他迅速走下讲台，转身背对学生，面朝黑板，用嘴轻轻的向前方吹灰尘，之后开始上课……

这一细微的动作，使全场师生立即爆发了雷鸣般的掌声……

为什么我们的老师喜欢"师道尊严"?

老师们要走进孩子的心灵，首先必须走进孩子们中间，成为他们的良师益友。

我校从美国聘请来了两位外教。

课堂上，外教一口纯正的美式英语悦耳动听，孩子们学得很开心，听得很认真，课堂气氛非常活跃，丝毫看不出他们是刚刚见面的师生。我想，这或许就是老外们缺少中国传统师道尊严的结果吧。你看，Vale 为了让学生搞清楚 sleep 这个发音的意思，一次又一次躺在地下，要知道她可足足有 200 多斤呢。再看 Pore，他天天戴着帽子，这一节课他要和孩子们认识 hat（帽子）这个单词；当他把帽子摘掉以后，孩子们哄哇大笑起来，原来他是个秃子。他又指着自己的头说：No hair（没有头发）。将自己的身体用作教育资源，帮助孩子学习，这是我们中国教师很难接受的。今年冬天一场大雪，周末的时候家长来接学生，有一位家长带来了一支玩具枪。学生持枪正玩的时候，美国老师 Vale 下楼倒垃圾，孩子顽皮地朝 Vale "哒哒哒"连续"开枪"，Vale 见此大叫一声应声倒下，捂着胸口，顺势躺在了雪地里，引逗得孩子们哈哈大笑。诸如此类以外，在课堂上学狗叫、猫叫等等更让我们难以苟同。孩子眼里的外教没有中国老师那种高不可攀的架子，平等、民主、有趣、可爱，非常容易接近。孩子们从这些玩笑、插曲里面丰厚了情感、增长了体验、学到了知识。下课了，他们站在门口和孩子们一一击掌，道一声：Hey! 一种平等交流的师生关系建立了起来，学习任务在不经意间完成了。

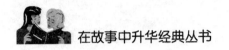

我要做坏孩子！

在影响学生的内心世界时不应挫伤他们心灵中最敏感的角落——人的自尊心。

班主任罗老师正在布置第二天的作业，面对一群困乏的孩子，她大声叫喊："听到没有啊，静一静！"莘莘偏着小脸，醉心于她的画。在这当儿，罗老师的目光掠过全班学生，忽儿落在莘莘身上。在这特定的略带怒气和绝望的氛围里，罗老师勃然大怒，她大发雷霆，失去常态，一把将矮小的莘莘拎上讲台，当众将莘莘的画揉成一团，揪过小孩的领口，重手重脚地将纸团塞入莘莘的衣领之中。

莘莘尖叫一声，垂手而立，像深陷在无底的黑色梦魇中，咬住牙根，簌簌发抖，许久，都不敢动手将前胸那堆凸起的纸团掏出来……妈妈想将她抱出教室，她伸出小手挡住，执意要留在讲台。她还幻想着那是一个噩梦，非要就地而立，等待噩梦惊醒、破灭。在回家的路上，莘莘像一个病孩，轻轻哆嗦，昏头昏脑地啜泣不止。直到走进家门，她小小的脑袋才慢慢地明白，刚才遭受粗暴的对待是真实的。她不由得恸哭起来。哭着，哭着，突然，她从妈妈怀里挣开，昂起沾湿的小脸，悲愤交加地说："我要做坏孩子！"

信任与希望

只要教师对学生抱有希望，仅此一点，就可以使学生的智商提高二十五分。

因为那次已成为耻辱的偷的经历，男孩不再得到任何人的信任。谁都离他远远的，捂着口袋，锁好抽屉，藏好每一件细小的东西，投向他的，只有鄙视和防范的目光。连他的父母还每天几次地检查存放钱物的衣柜，怕他的手再一次伸出。

男孩痛苦极了。他已经知道了偷的可耻，他想悔改，可是，他连那已经过去的耻辱的印记也无法抹去，更没有机会去展示一个新的他。一天，正上着课，粉笔没了，花白头发的老师把一串钥匙随意地甩向了男孩，让他去老师的房间再取些粉笔来。男孩有些不敢相信，全班的同学都不敢相信自己的眼睛，甚至已有同学打算主动站起来，要求老师换一个人去。老师很平静，根本不再多看男孩一眼，而是领着同学们开始朗读课文，以等待粉笔的到来。

在朗朗的读书声中，男孩怯怯地站起来，向外走去，他的每一步都很沉重，甚至想找个理由主动放弃，可身后朗朗的读书声似乎在催促他。他没有别的选择，快步往前跑。

粉笔终于取来了，和钥匙一起颤巍巍地放在了老师的手上，一切还是那么平静，只有一声慈祥和蔼的"谢谢"。以后的日子里，类似的事情不断地在他的身上发生着。渐渐地，又好像恢复了以前的那个他。同学们不但不再谈及他的经历，还逐渐地成了他的朋友。因为，在他们的心里，老师都信任的人，就没有任何理由不去相信。

男孩长大了，也当了教师。每当遇到一批新生时，他都会把自己的亲身经历说给学生们听。他认为，那已不是耻辱，而是一种不平常的足以铭记终身并光照别人的经历。

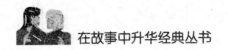

幽默创造新的可能性

幽默更像一种获得的性情，是一种反思性智慧的结晶，而非某种遗传的天资或才能。

暑假过后学校又开学了。十年级的同学们集中在自己的教室里，老师在黑板上写说明。教室里有点紧张，有点"第一天"的焦虑感。拉里向他的新老师提出了一个问题："'occuring'这个单词是不是有两个'r'?"他指着黑板上的字问。老师有那么一会儿看起来有点困惑，然后说："你是对的。"接着狡黠地笑了笑说，"只是为了考察你们一下。"可是拉里却不够宽容，"今年你准备教我们拼写吗?"就好像是说"你究竟是哪方面的语言老师?"然后他看起来有点为自己的傲慢感到吃惊。有几个小家伙已经开始窃笑了。然而，老师却安之若素地反击了，"噢，我还想把这个秘密保守得更长久点，但现在只好坦白了：我并不完美！但这肯定不能阻止我期望你们所有的人完美无缺"。

一出教师的悲剧

没有健康的心理状态的教师，教不出有健康人格的孩子。

2000年6月25日夜，湖南省邵阳市城步二中火光冲天，该校教师、优秀班主任张志红点火自焚，灰烬中还找到了另外三具尸体：该校初60班班长张玲和该校两位副校长的儿子。

张志红是城步二中的一名教师，1995年获"县优秀教师"称号，1998年被邵阳市政府记二等功，他所获得的各个奖项累计不下20项。从20世纪90年代中期开始，张志红担任了初中班主任。在这个职位上他确实干出了一定成绩，为学校培养了为数不少的尖子生。他所教班级的成绩次次在校内名列前茅。1997年，他所教的初36班在毕业会考中成绩优异，全县前50名有26名出自该班。

1997年下半年，因教学成绩突出，校领导安排他担任了政教处副主任，主持政教处全面工作，这令张志红欣喜不已。然而好景不长，他在政教处副主任的位置上仅干了半年，原校长调走了，主持校全面工作的副校长因对张志红体罚学生有看法，撤销了他的副主任职务，这对张志红来说无异于当头一棒。后来又因张志红所教的初36班全班59名学生中，只有2人投票赞成张志红继续任教，于是学校任命了另一位班主任，这让张志红痛心疾首，恰在这时，妻子也与他正式分居了，接踵而来的这一系列不顺心，让张志红感到整个世界都背叛了自己。

2000年6月25日清晨，张志红购买了14公斤汽油，然后来到一家餐馆饱餐一顿，回到学校后，他把菜刀磨得十分锋利，还到学校食堂买了几大捆干柴，做好了一切准备。

晚上7时30分，学校召开教职工大会。开会之前，张志红走到自己现任教的初60班教室，要正在自习的班长张玲到他房里去一下。14岁的女孩张玲是班上成绩最好的学生，也是张志红最喜欢的学生，选择张玲作为牺牲品，

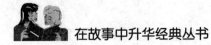

是他经过反复考虑的。他要杀死成绩最好的学生作为对学校的报复，同时张玲是他一手培养起来的，他想毁掉自己创造出来的最好作品。

张志红杀害张玲后，将刀放入一个提包里推门出来，经过操场时，见两位副校长的儿子正在操场上玩耍，他便把两个无辜的孩子骗回自己家中，将其杀害。然后他回到自己房间，将门窗全部反锁好，拿出早已准备好的汽油淋在房间里，剩下的一部分倒在自己身上。最后，他点燃了火……

我要让你的马奔出班级！

人类本性最深的需要是渴望别人的欣赏，因此我们要多夸奖别人，多发现别人身上的闪光点。

某中学初二（1）班有个外号叫"泥蛋"的学生长得又黑又瘦，相貌平平，成绩平平，很不惹人注意。但是年末考试，他的数学考了47分，一下子进入老师监督的中心。班主任教师一了解才发现这学生已经迷上了捏泥马而不能自拔。有一次竟然在他的数学自习课上捏出了一匹正在"奔跑"的泥马，这使他大为恼火。接着他就采取了一系列的措施：谈话、警告、限制、命令、高压等等，让他与泥马彻底决裂。但是这些措施不但没有见效，反而引起了黑泥蛋的对抗，有时数学课干脆跑掉。这更使老师气愤，下狠心非给他点"颜色"看看。

在讨论"泥蛋"的处理问题的会上，老师们争论得面红耳赤。校长的发言，引起了大家的深思。他说，有些人在中小学读书的时候，是有名的笨蛋，考试常常倒数第一，但后来却成了大科学家，原因何在？这并不是说在中小学的笨蛋都是大有前途的，而是说，人的智能的发展存在着个性差异。有的人是早熟，45岁正是创造的高峰期；而有的人则是大器晚成，像齐白石、达尔文；有的人虽然功课平平，甚至倒数第一，但是在其他方面却显露出超群的才华。达尔文在中学读书的时候，因学习成绩不良，多次受到校长巴特拉的训斥。达尔文在日记中这样写道："不仅教师，家长也认为我是平庸无奇的儿童，智力方面也比一般人低下。"他的父亲甚至对他说："将来你一定会给达尔文家族丢脸的。"但是达尔文在业余爱好方面却显露了才华。后来竟成了著名的生物学家。据说，英国的大文学家司克脱成名后的某一天，去访问他小时候的母校。这个消息立刻使全校为之轰动，教师还特意准备了一节课让他看。但司克脱并不满意，他问："你们学校学习最差的是哪一位？"老师们感到很难为情，不得不把一个学生拉到他的面前。那个学生羞得面红耳赤，

51

不敢抬头。这时，司克脱抚摸着那个学生的头，和蔼地说："你是全校最差的学生吗？你是好孩子，你牢牢守住了我过去坐的座位。"说完，就从口袋里取出一枚金币给了他。原来司克脱在这所小学学习时，成绩最差，考试倒数第一。但是他一离开教室就显示出了卓越的才能，他读了很多的小说和历史故事，他擅长讲故事，同学们都很崇拜他。一放了学就聚在他的身边听他讲故事。还有一个数学家巴伯基和文学家玛阿特，小时候是班里的两个劣等生。因为学习不好，老师常把他俩叫到前面，让他们站在椅子上，然后对大家说："大家瞧，这两个是没出息的人！希望大家不要成为这样的人。"二十年后，这个班真正成才的恰恰是他们两个。这样的事例很多，像物理学家牛顿，作家巴尔扎克、大仲马，诗人海涅和拜伦，哲学家黑格尔，戏剧家易卜生，教育家裴斯泰洛齐，军事家拿破仑、威灵顿，地质学之父莱伊尔，发明家爱迪生等等，在中小学时都是学习不好的，可后来都在他们所爱好的领域里卓有建树，成为世界伟人。

这位校长最后说，我们不能要求人才都十全十美，面面俱到，用一个固定的死框去要求所有的学生，这样不利于人才的发现和成长，甚至会埋没人才毁灭人才。例如对"泥蛋"，一方面就应该创造条件发展他的爱好和才能，另一方面又要教育，引导他把数学赶上来；我们不能要求他数学必须在良好以上才能捏泥马，否则就会限制他的爱好和在泥塑方面的才华，这样不利于人才的成长，同时也会引起师生的对立。

这次讨论会，对这位班主任触动很大。第二天他去"泥蛋"的家访问，他一进这个家，就大吃一惊。屋子的窗台上，桌子上，箱子上，到处是神态各异、大小不同、五彩斑斓的泥马，那样生动、那样逼真，他真没想到一个十四岁的中学生在泥塑方面竟达到了这样的水平！他激动地握着这个同学的手，连连地说："请原谅我，对你的才华我发现得太晚了，太晚了。"后来他问："你将来打算干什么？""我打算初中毕业后，考职业高中，学工艺美术，将来捏一辈子马！""好，好呵！有志气！"说着，老师站起来，"你准备一下，开学以后，我为你专门举办一次马展……我要让你的马奔出班级！""泥蛋"一听，笑了，笑出满眼晶莹的泪花……

一个人的战争

　　教育是人的灵魂的教育，而不是知识的堆积。通过教育使具有天资的人自己选择成为什么样的人，并由自己来把握安身立命之根。

　　李雷，北京人，1983年毕业于北京师范大学中文系，中国语言文学学士，分配到北大附中任语文教师。曾被评为先进教师。1988年调进北京电影学院。1993年停薪留职。1996年到中央工艺美院对外汉语培训部任教。1998年回北大附中任高三语文教师。1999年参加北京市团委组织的青年志愿者扶贫支教活动，到内蒙古固阳县兴顺西中学任初三语文教师，后被任命为教学副校长。2000年回到北京，但心却留在了固阳，于是办了辞职手续，现受聘于固阳县教育局，任督导员。2001年被团中央授予全国百名优秀青年志愿者称号。

　　李雷要尝试走一条立足于农民和农村的办学路子。他的办学目的是：建立一套科学的、完整的农村义务教育的骨干教育教学体系和学校管理体系；培养一批农村义务教育的骨干教师和管理人才；建设一个农村义务教育示范基地。学校的宗旨是：代表先进的教育思想和教育观念，代表广大义务教育对象的权益，代表农村扶贫地区义务教育的发展方向。他在固阳生存有"四项基本原则"：（1）不挣钱；（2）显得比谁都费劲；（3）从外面拿钱进来；（4）不从这里拿走东西。

　　波兰的格洛托夫斯基提出贫困的戏剧，李雷则提出了"贫困的教育"。在他准备的"乡村中小学教师培训讲座"的提纲中指出：贫困教育——"一穷二白"是我们的财富，穷则思变是我们的资本，生源不好是我们的优势，教师水平低是我们的财富。当我们换一种眼光来看教育时，贫困的教育就变成富饶的教育，这样的教育资源，北京没有，日本没有，美国也没有。教育的本质就是"无中生有"，教育就是生成与创造，因此，一无所有是教育的优势，它留下了发展的空间，留下了创造的空间。北京的孩子坐在电脑前，他们缺少真实的生活，不能产生真实的兴趣，已经变成了鼠标；或者用爱默生的话：自己的头脑变成别人思想的跑马场了。

在李雷的学校里，课本将由学校免费提供，李雷认为义务教育的应有之义是念书不要钱，学校想从课本免费开始，书只要爱惜，是看不坏的。学校对课本只收押金，不收书费，学生升学或转入新年级后，把书传给后面的新同学，新同学再把书传下去。除非课本内容更换，至少可让几届学生同时使用。敬惜字纸，本来就是我们中华民族的美德。用书爱书传书，正是想让这一美德发扬光大，成为学校的风气。学校准备"举应试教育之旗，行素质教育之实"，他的初中部将用三年的时间来学习四年的所有课程，同时也给学生自由发展留下足够的空间，最后一年用来集训考试。好的分数是学校对家长和社会的及时交待，而好的学生素质是学校对学生长远的交待。学生不上晚自习与早自习，因为人的脑子不是疲劳战术可以对付的，竭泽而渔、杀鸡取卵必将自食其果。学校坚信每个人都有求知的天性和本能，学校反对将希望享有正当休息与娱乐权利的孩子一律看成是奸邪刁顽之徒。学校为学生提供图书与影片，让学生自己进行选择与安排，这是学生应有的权利，他们是学习的主人。

生命充满了偶然性，命运随意把李雷抛洒到固阳，他却在那里建立起生命的连带。他说，我越来越觉得：此地甚好。于是，他回京辞去了工作，再去了固阳。他回忆到，2000 年 7 月回京后，在家里看《我的父亲母亲》时，有一个场景：老师回城了，女学生站在漫天大雪中，痴痴地等着……在七月的炎热中，李雷感到凉透骨髓！他可以肯定，他的学生就这样在等他——正是为了回避离别的情境，李雷悄悄地离开了固阳，没有跟学生告别。李雷不敢面对学生——优雅而忧郁的眼睛里的信任和依恋。牵挂是彼此的，李雷最终还是回到了固阳，他需要安顿自己的心灵。一个练短跑的女生在大街上看到他，飞似地扑到老师的身上——她看到了亲人，忘记了当地的习俗，用质朴而热烈的方式，表达着对老师的欢迎。

感动中国的徐本禹

我愿做一滴水／我知道我很微小／当爱的阳光照射到我身上的时候／愿意无保留地反射给别人。

我们要讲的第一所小学就在（贵州省大方县）猫场镇狗吊岩村。狗吊岩村位于该镇西端，属于喀斯特地貌，没有成片的可耕地。村子距镇上 18 公里，是崎岖陡峭的机耕便道，不通班车。全村今年 3 月才通电，且供电不能保证。至今不通有线电话。

狗吊岩村有一所小学，2003 年以前一直在一个岩洞里。

直到 2003 年 10 月，在香港慈善人士的资助下，孩子们才迁出了岩洞。

2002 年暑期，一个大四学生从千里之外的武汉来到这里搞社会调查，他走进了岩洞，给孩子们讲了许多大山之外的事情。

他的名字叫徐本禹，当时是华中农业大学农业经济专业的学生。

当暑期结束返校时，孩子们一直把他送到好几公里外，每个孩子都流下了眼泪。一个孩子仰着头问道："大哥哥，你还要来吗？"

徐本禹噙着眼泪，点了点头。他没有告诉孩子们，他正在准备考研究生。

徐本禹以 372 分的优异成绩考取了研究生，他的导师是华中农业大学经济贸易学院院长王雅鹏教授。同时，他因为学业优秀获得 6000 元国家奖学金。但当天晚上，他彻夜未眠，猫场镇狗吊岩村孩子们的眼光一直在他脑海中闪现。

就在那个无法入眠的夜晚，徐本禹作出了一生中最重要的一个决定：回到猫场镇狗吊岩村帮助那些孩子。

当他把这个决定通过电话告诉父亲时，电话的那一端，父亲哭了，长久的啜泣之后，父亲用发颤的声音说："全家尊重你的选择，孩子，你去吧，我们没有意见……"

当他把这个决定告诉学院领导时，大家沉默了，都不敢正视他的眼睛。

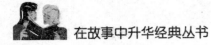

华中农业大学研究生处反复讨论，作出了一个决定：支持并为他保留两年的研究生学籍。

徐本禹比别人更能体会到贫困对一个孩子成长的影响。他在华中农业大学读书期间获得过特困生补助、特困生自强奖等，受社会恩泽，他便回报社会，大学四年里，小徐用勤工俭学挣来的钱和自己的奖学金共资助了5名和自己一样的贫困学生。

刚上大学不久，他参加了学校安排的第一次勤工助学活动，打扫学生公寓的楼道，打扫了一个月，得到了50元钱。他把这笔勤工俭学所得的钱捐给了山东费县一个叫孙姗姗的贫困小学生。大二时，他得到了学校发的400元特困补助，他把其中200元钱捐给了保护母亲河绿色希望工程活动，还把100元钱捐给了在聊城师范学院读书的一个贫困生。

2001年3月，他因向绿色希望工程捐款，成为了湖北电视台《幸运地球村》的嘉宾。当节目录制完毕后，这期节目的主持人——香港凤凰卫视的许戈辉了解到他的家庭情况，便送给他一个信封。后来他回忆这个情景时说："我当时估计里面是钱，我说我不要。田野（另一个主持人）和许戈辉对我说：'就把这钱当作是你哥和你姐送给你的！'在回校的路上，我打开一看，里面有500元钱，在公交车上我无法说出我当时的心情，自己给予社会的是那么少，社会给予我的却是那么多！回到学校后，我把其中的200元钱捐给了我们班的一名家庭条件很差的同学，100元捐给了在聊城师范学院读书的景玉春同学，还有100元钱捐给了湖北沙市的一名孤儿，她的名字叫许星星。她曾获得过全国十佳春蕾女童的称号，她是一个比我还坚强比我还勤奋的小女孩。她六岁以前从没有吃过一个冰淇淋，没有穿过一件新衣服。从湖北电视台回来后，我给自己许了一个诺言：无论自己生活多么拮据，一定要帮助她。"从2001年到现在已经两年多了，徐本禹一直没有间断过对许星星的资助。原来学校每个月发给他22元钱的生活补助，他留出2元钱做班费，其余20元钱都给她寄去。有奖学金、生活补助以及家里给他寄生活费的时候，他就多给她寄一些，有时寄50、有时寄100、200。

作出决定的几天后，他回到了猫场镇狗吊岩村，向村长报到。

他的事迹感动了许多人，也吸引了许多追随者。可是，狗吊岩村实在太穷太苦了。不仅物质文化生活极度贫乏，而且这里是一个封闭的信息孤岛，不通公路，不通电话，晚上靠油灯照明，连寄一封信也要走 18 公里崎岖的山路才能找到邮所。而文化背景的巨大差距造成的心理和话语障碍又使他们久久不能融入这个环境。追随他的志愿者一个一个地离去。

2004 年 4 月，他回到母校华中农业大学做了一场报告。谁也没料到他在台上讲的第一句话是："我很孤独，很寂寞，内心十分痛苦，有几次在深夜醒来，泪水打湿了枕头，我快坚持不住了……"本来以为会听到激昂的豪言壮语的学生们惊呆了，沉默了。许多人的眼泪夺眶而出。

报告会后，他又返回了狗吊岩村，每天沿着那崎岖的山路，去给孩子们上课。

徐本禹倍感孤独的背后，还有一段鲜为人知的隐情。作为义务支教的先行者，徐本禹的行为属于自发的"个人行为"，因此，他并没有被列入团中央的西部志愿者行动计划，只是一个"体制外"的志愿者。在我们这个"组织"决定一切的国家，这就意味着徐本禹得不到体制内西部志愿者的生活补助，成为一个完全没有生活来源的人。他的行动也不可能被主流媒体按"报道方针"进行宣传报道。换句话说，他很难得到社会的关注。这使他注定成为一个孤独的志愿者。

幸亏共青团贵州省委、大方县委组织部、大方团县委和华中农业大学给了他援助和支持。贵州团省委后来将他补入本省志愿者名单，每个月发给他 500 元生活补助（列入团中央的每月 800 元），这才将他从衣食无着的困境中解脱出来。徐本禹每月节衣缩食，将这 500 元钱省出大半，用来资助山区的孩子上学。仅在猫场镇中学，他就资助了 32 位贫困学生。为了能与外界联系，他买了一部旧手机，但只用来发短信，从不拨打和接听电话。他付不起更多的手机资费。

他就这样默默地在大山的重围中履行着他的阳光下的诺言。

他想用自己的激情点燃贫困山乡孩子们的心灵。

他把知识分子的社会良知外化为具体而琐碎的行动。

当很多有识之士在开着空调的报告厅雄辩滔滔地宣讲着中国的"三农"问题时，徐本禹在酷热的教室里教给学生四则运算和汉语拼音。

当许多"组织上"派来的志愿者在联欢会上欢天喜地为乡亲们表演"走进新时代"的歌舞时，徐本禹正在深山中为孩子们交待怎样迎接即将举行的期末考试。

他带有山东口音的普通话在山谷中回响："你们不比别人差！"

他大声说："你们很棒，一定可以考好！"

他伸手擦去鼻尖上的汗水，眼里闪过一丝复杂的神色。他没有告诉孩子们，另外两名同他一道在这里支教的志愿者两天后就要离开。而他自己也会在最近转到另一个更加艰苦的村寨。

另外两名志愿者是半年前由贵州团省委派来的，团省委此举是为了让徐本禹不至于太孤单。半年来，他们三人在这极其偏僻的大山中体验着自己人生最沉重的履历。

徐本禹至今没有谈恋爱。曾有不少仰慕他的女大学生追随而来，最终悄然而去。而徐本禹却在这志愿者小屋中抒写他对贫困孩子们博大的爱。

第二章

教育篇

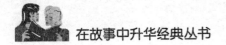

咱俩的秘密

我没想到是这个孩子教育了我，让我不能轻易嘲笑任何一种要求和建议。他让我明白了每个人活着的方式和理由都是有尊严的，而给一个人尊重比给他什么都更重要。

有一天，一个正在当小学老师的朋友讲了一个小男孩的故事。

他七岁，上小学二年级，他有一双非常水灵的大眼睛，乌黑的、不谙世事的、清澈的眼睛。凝视他眼睛的时候，老师常常会有一种错觉，以为那里面正含着眼泪，像一潭水似的，晃动着，但不涌出来。

他是一个可怜的孩子，因为他的父母离婚之后都各自有了家，他跟着年迈的奶奶一起生活。

奶奶只有微薄的退休金，祖孙两人"有了吃的就没有穿的了"，"总有一样要凑合"。这个孩子特别懂事。

"一个男孩呀，你们不能想象他有多么细腻的内心世界。"朋友感慨着举了一个例子：小学生的作业本通常都是用得很快的。用不了多久就要买新的。没有一个同学对这件事有疑问。有一次，是在课间休息的时候吧，所有的同学都在操场上玩，只有他，喏喏着走到讲台旁，仰着小小的脸伸出小小的手，他递给老师一支铅笔。他说："老师，我想让您以后用铅笔给我判作业，这样，作业本用完了，我用橡皮一擦，就像新的一样了。"当老师的朋友对我说："当时我注视着这个孩子的眼睛，他的脸特别圣洁。你知道吗？我看着他，看着看着就要掉眼泪。我拿过了那支铅笔，我说，这是我们两个人之间的秘密，我一定用只有我们俩能看清楚的符号来批改你的作业。"孩子特别开心，冲出教室，冲进同学当中。此后，有好几个星期的时间，老师真的用铅笔给他批改作业，而且悄悄地告诉他："如果你都做对了，老师就只写上"优秀"两个字，擦的时候也好擦。"这样，孩子一直保

持着优秀的成绩。

后来孩子的生日到了，老师买了整整 100 本小学生常用的练习本给他，老师说，这是对他作业一直优秀的奖励。而且，也是因为老师和他共有一个秘密。

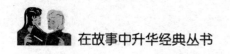

请为你的夸奖道歉

赏识如一把双刃剑，适当的运用会使孩子如沐春风，而一味的赏识有可能成为孩子成长的温柔的杀手。

朋友给我讲过这样一个故事。

她到北欧某国做访问学者，周末到当地教授家中做客。一进屋，问候之后，她看到了教授5岁的小女儿。这孩子满头金发，眼珠如同纯蓝的蝌蚪顾盼生辉，极其美丽。朋友带去了中国礼物，小女孩有礼貌地微笑道谢。朋友抚摸着女孩的头发说，你长得这么漂亮，真是可爱极了！教授等女儿退出之后，严肃地对朋友说，你伤害了我的女儿，你要向她道歉。朋友大惊，说我一番好意，夸奖了她，还送了她礼物，伤害二字从何谈起？教授说，你是因为她的漂亮而夸奖她。而漂亮这件事，不是她的功劳，这取决于我和她父亲的遗传基因，与她个人基本上没有关系。你夸奖了她，孩子很小，不会分辨，她就会认为这是她的本领。而一旦认为天生的魅力是值得骄傲的资本，她就会看不起长相平平甚至丑陋的孩子，这就成了误区。而且，你未经她的允许，就抚摸她的头，这使她以为一个陌生人随意抚摸她的身体而可以不经她的同意，这也是不良引导。不过你不要这样沮丧，你还有机会可以弥补。有一点，你是可以夸奖她的，这就是她的微笑和礼貌。这是她自己努力的结果。请你为刚才的夸奖道歉。教授就这样结束她的话。

后来呢？我问。

后来我就很正式地向她的小女儿道了歉，同时表扬了她的礼貌，朋友说。从那以后，每当我看到美丽的孩子，我都会对自己说，忍住你对她们容貌的夸赞，从他们成长的角度来说，这种事要处置淡然。孩子不是一件可供欣赏的瓷器或是可供抚摸的羽毛。他们的心灵像很软的透明皂，每一次夸奖都会留下划痕。

童言无忌与集体失语

　　儿童是有他们特有的看法、想法和感情的，如果想用我们的看法、想法和感情代替他们的，那简直是最愚蠢的事情。

　　一位年轻的妈妈说了一件自以为是丑闻的故事：她6岁的儿子，上小学一年级。上课时，老师提问："同学们，你们想想看，人的身体哪儿是对称的?"小朋友一听乐了，纷纷举手，说了眼睛、鼻孔、眉毛、耳朵、手、脚等等。她的儿子在后排，手举得特别高，老师只好让他说。她儿子腾地站起来，大声说："老师，人的两个屁股是对称的，男孩的两个小蛋蛋是对称的，我妈妈的……"老师大怒，吼道："你坐下!"同时，狠狠地瞪他一眼，不知他还要说什么呢。下课后，教师马上找到男孩的妈妈，说了刚才发生的事，激动地说："你可得好好管管儿子，不得了啊!"这位母亲一听急了，马上找儿子训话，说："儿子，上课怎么能说这些呢?"儿子听不懂妈妈的话，答："哼，他们都不知道，我才知道呢!"这位母亲急得不知所措："这可怎么办，我儿子6岁就这么乱七八糟的，长大了会不会变成流氓啊?"

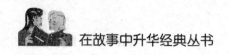

学生们的想象力哪里去了？

理想的教师，不但想到学生的耳朵，还想到他们的脑子。教学生能自己观察，自己想象，自己思考，养成他们自己的判断。只有这样，学生才不致于言不由衷，满足于"追时代潮流"，写"洋八股"的文章。

先请看一位高考评卷者的感叹：

在 1998 年的高考语文卷中，有一道很灵活的试题，要求考生用时间为主语，造出两个比喻句。这需要学生发挥自己的想象力，八仙过海各显神通。应该是一道比较能看出学生语文内在素养的考题。

在评卷组里，时常能听到老师对学生答题的评价。

"你看这题写得多棒：时间如航船，载我们去胜利的地方！这学生的人生观多积极呀。年轻人就是应该去夺取胜利嘛。"一位老师道。

"是呀是呀。多么积极的人生观。"大家附和。该学生得了个满分。

"时间如金钱，给我们创造物质财富。是呀，这学生明白应该珍惜时间的。"又一个幸运儿，他也得了个满分。

"你看这学生写的：时间好比我们手中的沙子，从我们手里漏去，从此不再归回；时间就像一列列车，载着我们，经过无数的人生小站，最后抵达死亡！瞧瞧这学生，人生观怎么这么灰暗呢！"

那老师作势欲挥笔，我看这个学生要遭厄运了，忍不住说："可这学生文笔不错，想像力也不赖呀。"

"人生观这么灰暗，怎么行！"她惊讶而真诚地瞪了我一眼，"思想多不好呀。不行不行！"她的笔落在考卷上，我伸头一看，这个"人生观灰暗者"得到了一个鸭蛋。

作文题，其判卷方法更是如此。

人生观的乐观与否和学生语文水平高低是直接挂钩的么？我心里涌上一层困惑。何况上面提的那个考生对人生的思考也并非太过离谱。人终归是要

死的，他不过将这事实道破而已。而对死亡进行思考，本是应该的。老托尔斯泰说，"一个真正的思想家，无论他想什么，都不可能回避死亡这个命题。"苏格拉底藐视那些从来不曾思考过死亡的人，说他们"白活了"。就是鲁迅，在《过客》中，也借老人的口说道，"人生的最前方无非是坟——也就是死亡。"这个可怜的早熟而坦白的考生因为他的思考失去了弥足珍贵的4分。

后来我想，让托尔斯泰、鲁迅等参加高考，说不定也会因他们的文章"人生观灰暗"而落榜吧？

与其形成鲜明对比的，是这样一篇美国小学生的想象作文：

有几个小男孩，到郊外去玩，在芦苇丛中发现了一只蛋，有的说是蛇蛋，有的说是鸟蛋，争论没有结果，他们决定把蛋拿回去放到烘箱中去孵……蛋壳快破了，大家紧张地盯着看，哈，蛋里孵出的是里根总统！

据说这篇作文被推荐到美国全国性的报上登载，受到广泛的推崇。

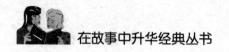

捐　款

有什么样的教育，就有什么样的国民；有什么样的教育，就有什么样的民族精神。孩子是祖国的未来，是民族的希望，他们应该得到世界上最美丽的祝福，最纯洁的关爱和最诚挚的祝愿。

去年下半年，妻子前往英国学习之后，带孩子就成了我的一个大问题。朋友告诉我：按照英国的规定，任何外国人只要获得在英国停留6个月以上的签证，其子女就能够在英国享受完全的初中和小学教育。于是，我决定将10岁的女儿送往英国。

妻子在住处附近的3所小学提出了入学申请，很快就有两所答复同意接收入学。通过比较，妻子选择了圣尼古拉斯天主教小学。一拿到签证，我便利用2003年春节的假期将女儿送往英国。

第一天送女儿上学的时候，我们一家都不免有一点紧张。英国的"小学"对于我们而言的确遥远了一些。到学校后，校长亲自接待了我们，他让我们放心，学校一定会照顾好孩子。到了教室，班主任安排了班上惟一一个在英国已经生活了3年的中国男孩与女儿同座。然后，又向我们介绍了学校里仅有的一位华人员工，告诉我们如果有什么要求，可以随时通过他们告诉老师。有了第一天的经历，我和妻子顿时就放心了不少。

在经历了最初的新鲜之后，一天下午去接放学的女儿回家时，她交给我一张学校的通知。通知的主要内容是：

"英国泰思可集团一向支持教育事业，近几年向多所中小学捐赠计算机等教学设备。集团近期将开展一次活动，在未来两个月里，顾客在所有属于该集团的超级市场、加油站或其他消费场所每消费10英镑即可索取一张购物票。同学们可将自己、家人或亲友获得的购物票交给学校以向泰思可集团换取所需的教学设备。"

我们没有汽车，加油票是没有的。泰思可超市的商品属较高档的一类，

我们并不富裕，光顾不多。即使偶尔去一次，消费也在 10 英镑以下。

在国内的时候，遇到女儿的班上捐款，我们都注意不要让她落在最后。女儿也经常回家谈论学校的捐款情况，有时同学们在榜样的鼓励下争先恐后，而捐得太少的人多少会有些抬不起头来的意思。有些学校的捐款方式更是构思精巧，五花八门。

考虑到女儿刚刚来到一个新的集体，如果让她觉得自己是班上交票最少的学生，这对她的心理可能会产生不好的影响。于是，我和妻子决定将一些生活必需品计划一下，到泰思可超市集中购买，同时也请我们的同学帮忙收集。女儿挺高兴，计划着多交些票，而我们则暗暗在心里嘀咕，这次对付过去，下次还不知有什么花样呢！

第二天下午，一接到放学的女儿，我就赶紧问她其他同学交购物票的情况。结果得知学校只是在教室外面放一个纸盒，有票的同学自行投入，老师并不过问，更不会进行统计和公布交票情况。我心里顿时就有了一些感慨。

在英国生活、接受高等教育的花费是一笔不小的数目。但是，前往英国求学的外国人仍然很多。除了英文和先进的科技知识外，也许就在这细微之中，还有许多东西值得我们去思考、去学习。

新的一星期开始的时候，我们为孩子准备好了一些泰思可的购物票，在送她上学时叮嘱她记得放在教室外面的纸盒里。

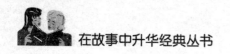
一二三四像首歌

批评不仅仅是一种手段，更应是一种艺术，一种智慧。

下面撷取的是几个有关批评的案例：

一支钢笔

被誉为"中国当代教育家"的霍懋征老师讲过这样一件事：她在北京第二小学任教时，一次，她班上的一个男生拿了同桌的钢笔。霍老师知道后没有责难，也没有声色俱厉地批评，而是自己掏钱买了一支笔送给这位学生，并说："我知道你喜欢钢笔，这支钢笔就送给你。我也知道人家的东西你肯定不会要，趁别人不注意，你一定会送回去的。"几十年后，这位学生带着自己的孩子来看老师，一进门就跪在霍老师面前对孩子说："没有霍奶奶，就没有你爸爸的今天。"

两幅图画

在英国亚皮丹博物馆中，有两幅引人注目的图画，一幅是人体骨骼图，一幅是人体血液循环图。这是当年一个名叫约翰·麦克劳德的小学生作品。上小学时，有一天，他忽然想亲眼看看狗的内脏是怎样的，于是他鼓起勇气杀了一条狗，把内脏一件件地分割、观察。谁知这条狗是校长韦尔登家的宠物。身为教育家的韦尔登决定给麦克劳德以处罚。韦尔登的处罚方法别出心裁：罚麦克劳德画两幅图画。这就是亚皮丹博物馆收藏的那两幅人体图画。麦克劳德后来成了一位著名的解剖学专家，并获得 1923 年诺贝尔生理学和医学奖。

三朵玫瑰

前苏联教育家苏霍姆林斯基在任乡村中学校长时，看到一名低年级的小女孩摘下了花房里最大的一朵玫瑰。他走过去蹲下，拉住小女孩的手，微笑着问："你能告诉我，这朵花要拿去做什么用吗?"小女孩害羞地说："奶奶病得很重，看不到花，我想把这朵花送给奶奶看一眼就还回来。"苏霍姆林斯基被孩子的话深深地感动了，他又摘下两朵大玫瑰，送给小女孩，说："这一朵是送给你的，因为你有一颗善良的心；这一朵是送给你妈妈的，感谢她养育了你这样的好孩子。"

四块糖果

我国老一辈教育家陶行知先生当年任育才小学校长时，有一天，他看到学生王友用泥块砸同学，遂将其制止，并责令他放学到校长室等候。陶先生回到办公室，见王友已等在门口。陶先生立即掏出了一块糖送给他："这是奖励你的，因为你比我按时到了。"接着又掏出一块糖给他："这也是奖励你的。我不让你打同学，你立即住了手，说明你很尊重我。"王友将信将疑地接过糖果。陶先生又说："据了解，你打同学，是因为他们欺负女生，说明你有正义感。"陶先生遂又掏出第三块糖给他。这时王友哭了："校长，我错了。同学再不对，我也不能采取这种方式。"陶先生满意的笑了，他随即掏出第四块糖说："你已认错，再奖你一块，我们的谈话也该结束了。"

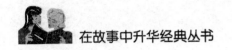

我以生命担保她行

儿童时代应该是欢乐祥和的时代，是游戏、学习和成长的时代。为了实现这一点，我们不仅要保证每一位儿童的受教育权，而且要以适合儿童的方式进行教育。那种使儿童丧失了童年和欢乐的教育不是真正的教育。

如果在几年前，你问我"了解自己的孩子吗"，我会斩钉截铁大言不惭地回答："恐怕在20万个父亲中，你才能找到一个像我这么了解孩子的人！"说这样的大话是有根据的。在女儿的整个初中阶段，我们父女俩之间经常进行有趣的谈话，老谋深算的我，常使女儿惊讶地大叫："怎么我心里想什么你都知道呀？"

女儿进入高中后，我算是领教了什么叫"高考战车"。每天5点半，她就要起床，自己匆匆吃点东西，6点多就出门了。晚上，我们只有晚饭的十几分钟可以聊聊，吃完饭她就回到自己的房间，关门，做作业直至深夜。我和女儿从容谈话的时间急剧减少。

我渐渐感到"信息短缺"，以往"特别了解"女儿的信心开始动摇。事实上，除了议论一下每次测验或考试的成绩，我们几乎来不及再聊点别的。女儿上高二时，没有和我商量，就告诉我"要分文理科班了，我报了文科"。

我心头一震，心想"大事不好"，这意味着女儿对自己的理科前景作出了否定评价。

在理性上，我是坚决反对中学分什么文理科的（我甚至认为大学本科阶段也应该是"通才教育"），谁有权这么早就强迫一个孩子只能学什么呢？凭什么这么早就认定一个孩子不具有多种发展的可能呢？一个十六七岁的孩子，怎么可能对自己"适于"学什么作出正确判断呢？

我小心翼翼地问女儿："你为什么这样选择呢？"女儿说："老师说我没有数学脑子……"这话让我怒火中烧，一个为人师者，怎么可以这样摧毁学生的自信呢？"再想想怎么样？我认为老师说得没有道理，你很正常，没有偏科……""你说没有用，反正我得选一个!"我默然。

家长和学生，竟只能这样屈服于现存的教育制度而毫无反抗的余地——哪怕它是如此的荒唐。

我读过不少教育学和心理学方面的书，深知"评价"和评价的方式在一个孩子成长中的作用。因此，哪怕孩子在某次考试中成绩不好，我也总说："这没关系，没准比全对还好，因为错过的印象更深!"但是我也感到对孩子的影响越来越小，因为你"不专业"、"不权威"，孩子通常做不出来的题，你通常也做不出来；你指导的作文，通常还会被判低分。

很明显，在学校里，老师对孩子的评价具有决定性的影响。

有时候我深感恐惧，我几乎已经完全不了解女儿了——每天能和她有效相处的时间不超过半个小时，她一天要在学校呆 10 个小时，要说"了解"，恐怕没有人能比老师更了解孩子了。可是很遗憾，无论是每学期一两次的家长会，还是学期结束时老师给孩子的评语，都丝毫不能增进家长对孩子的了解。我相信与我有同感的家长很多，那家长会实际上就是"动员会"，动员家长与学校一起来给学生施加压力，无论哪一科的老师讲话，都是形势多么多么"严峻"，希望家长"督促、督促、督促"——每次家长会后，都有几个被点名留下的男人女人，那笃定是没有好果子吃的……

每个学期结束后，成绩单上照例有老师的评语，本来这是一个使家长了解孩子的大好机会，可惜，每次都是那寥寥二三十个字，几乎是年年相同的套话——两三个词儿的优点和两三个词儿的缺点——有一次的评语绝对是学生的字体，看来老师自己根本就没有写评语的兴趣，干脆让学生干部代劳了。

有一次女儿回家后很不情愿地告诉我，班主任老师让你晚上 10 点钟给她打电话。我诚惶诚恐地掐着表准点打过去，不出所料，那是一大堆"必须及时改正"的缺点——老师大义凛然，刀刀见血，听得我头皮直发麻!

女儿问："老师说我什么了?"我犹豫了一下，"嗯，没什么了不起的……"考虑到老师对家长说话多少还会客气一点，我难以想象这些话当面对女儿说出来时是个什么气势，我不能再对她雪上加霜。

尽管我对女儿很有信心，觉得她是一个心智很正常的孩子，品行也没有什么必须矫正的缺陷，但她的理科成绩确实有江河日下的趋势，老师对女儿的评价开始影响我，"也许女儿是缺乏理科方面的才能?""也许她真是缺乏逻

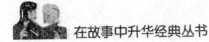

辑思维能力？""也许她学习真的不够努力？"我自己都能感到在给女儿打气时有些言不由衷了。

终于有一天，女儿迟疑地对我说："爸，我厌学了……""是吗？"我沉默无语，内心涌起一股可怕的绝望。我明白错不在女儿，是什么让她苦苦挣扎到高三，却突然丧失了自信和学习兴趣？她曾是一个多么快乐和不甘人后的女孩儿呀……

所有这些，大概就是当有可能脱离这种教育的机会来临时，我和女儿都没有犹豫的原因。

几乎丧失了学习自信的女儿，在美国会怎么样呢？她在陌生的英语教育环境中将遇到巨大困难，这是我可以想见的，也许她一开始就会沦为班上成绩最差的一名，美国老师对这样的学生作何评价呢？我简直不敢想下去，并且做好了女儿再上两年高中的思想准备。

仿佛在验证我的预计一样，进入美国高中没两天，女儿就在邮件中告诉我，"大量的单词听不懂，所有的计算、作图用计算机，我都不会……"第一次美国历史课考试女儿竟得了个"F"。我心情沉重，但别无退路，"这是正常的适应期，你一定会挺过去的！"听天由命吧！

不久，似乎奇迹发生了，女儿那边好消息不断传来，"突破"先从法语开始，女儿首次得了满分！女儿说，一次法语课，有别的老师进来找我们的老师，我们老师正忙着，她就跟我聊了两句，我们老师过来以后说"她刚从中国来"。那个老师说"我知道"。我们老师又说"刚来，法语就已经得100分了"。那个老师感叹："Jesus（耶稣呀）！"这声惊叹让女儿心花怒放。

很快，她的化学又开始频频获满分，女儿给我的信写道：今天化学考试又得了100分。老师判完了卷子以后，拿给别的老师看，然后说："班里没别人这样，这都能当标准答卷了。"正好有别的班的人来问问题，他就跟那人说："问Stephanie（斯蒂芬），她什么都知道。"

女儿的每次邮件，都要写几句老师对她的评价。让我惊奇的是，这些评价无一例外是赞扬，而且往往是在全班同学面前大声地赞扬，"你们要努力呀，否则将来你们都要给斯蒂芬打工去了"等等，女儿说"我都不好意思了"。

这些赞扬有点像兴奋剂，不知为什么，女儿开始自信得让我感到陌生，一些我原来并未发现的特质似乎开始呈现。我不大有把握有资格"指导"她了。

果然，3个月过去，女儿不经我同意，干脆地告诉我"准备今年就申请大学"，她甚至已经试着考了一次"托福"。我愣了一会儿，觉得女儿有点好高骛远，"托福"能考个四五百分就了不起了，她什么时候见过这个世面呀！

不久，成绩出来了，着实让我大吃一惊，她竟考了六百多分，这个成绩申请美国大学绰绰有余。

女儿真的开始申请大学了。她告诉我其中一个必要程序是中学老师的推荐信。与中国的"一考定终身"完全不同，美国对申请入大学的学生采用复合评价，不仅要看你"大学入学资格考试"的成绩如何，你平时的成绩也占一定的比例，还要看你有什么特长，甚至做过多少时间的社会公益工作，中学老师的评价也是其中重要的一环。

我大大地担心起来，以往国内老师对女儿的评价言犹在耳，刚刚在美国学校里呆了几个月，美国老师怎么可能了解一个中国孩子呢？

女儿似乎忘了这件事。其后一段时间的邮件里，她绝口不提老师的评价是什么。我想糟了，美国是个信用社会，老师向大学推荐学生关系到自己的声誉，绝不会像中国人通常认为的是个"人情"，拣好话说就是了。也许，美国老师是否愿意推荐女儿都是个问题——女儿不提，我也不好问。

又过了一段时间，我接到厚厚的一封信，是女儿从美国寄来的。打开一看，是4封美国老师给大学的推荐信！我迫不及待地开始读，一种从未有过的震撼油然而生——

法语老师的推荐信

在过去的5个月中，我很高兴认识斯蒂芬。她去年10月到沙龙高中读书时，我教她法语。法语对她来说是一门全新的课程（她的第二外语），同时她不得不掌握英语（她的第一外语），还要适应新的文化氛围．但所有这些都没有难倒她。

斯蒂芬是个非常聪明的学生。她在沙龙高中的第一周，就问是否可以放学后留下，让我教她以前没有学的功课，令我惊奇的是，斯蒂芬在一个小时内就都学会了。她不时地展示她的语言天赋，在班里成绩最好（从开学第一天起，她的分数没有低于A的）；她对细节和微妙的语法差别有敏锐的目光，能成功地记住新词汇并在文章中创造性地运用。出语轻柔的斯蒂芬能轻松地表达自己的想法。我对她适应困难的法语发音的能力印象非常深刻。斯蒂芬学习勤奋、自觉，总是认真完成作业，以自己的努力和精确超出我的预期。

斯蒂芬是成熟、友好的女孩。她的同学大部分像大一新生，只有她像大四学生。她在小组中做得也不错，我经常看见她给同学讲解难题。另外，我们课下经常交谈，她既和我分享她的经历，又喜欢问我有趣的问题。

我相信，斯蒂芬在大学里会继续在个人学术方面取得进步，获取成功。对你的 2005 班（毕业班）来说，她是宝贵的财富。我毫无保留地推荐她。

凯瑟琳·M·特纳

亲切、自然和对学生细致地观察，竟使我这个看惯了"套话"的人一时间感到既新鲜又温暖。评价可以这样写的呀！

数学老师的评语

我很高兴写这封信，并以我的名誉担保，斯蒂芬今年参加了我的初级微积分课程的学习。学习期间，我发现斯蒂芬不仅勤学好问，而且富有同情心。她总是努力、认真地完成作业。她在数学和解决难题方面有显著特长。

斯蒂芬经常以自己优雅而且具有创造性的方式解决难题、完成数学证明。斯蒂芬也常常帮助身边的同学做难题。在校期间，斯蒂芬为了得到问题答案，通常比别人回家晚，有时候她也在学校里帮助别的同学。

学生们尊重她的文静和才智以及她解释问题时的耐心。显然，她在享受着帮助同学的乐趣。有斯蒂芬做学生我很高兴，她在任何校园都会受到重视。为上述及更多原因，我向贵校推荐斯蒂芬。

特雷西·史密强

我简直不敢相信自己的眼睛，女儿竟有数学"特长"？还能"优雅且具有创造性"地解决难题?! 她不是"没有数学脑子"吗？

英文老师的评语

斯蒂芬从不在没有准备的情况下进行学术辩论。她的准备总是全面而准确。她不喜欢大惊小怪，对每个可能的事件都有预测。有的学生考试时爱靠运气"赢取胜利"，获得最佳，但斯蒂芬不这样，她付出的代价是时间和努力，这在她优秀的作业中有所反映。

斯蒂芬不仅仅是学术机器，她对学习感到兴奋。有的学生仅仅是搜集信息，而斯蒂芬在探索智慧。她与困难的概念搏斗；对有挑战性的问题，她不接受简单的答案。她所做的是把不同的想法结合起来，把众多概念放在一起。她不怕在解决难题时碰壁。我很喜欢像她这样有能力的学生。她能适应高水平的大学学业吗？我以性命担保她行。对此，一秒钟都不应该怀疑！

人格的力量，这就是全部。这就是麦粒和谷壳的区别，这就是斯蒂芬的内在，不自负，不自私，不虚伪，她是积极向上的女孩，能够明辨是非。

斯蒂芬勇于对自己的行为承担责任，当事情不顺利时不找借口。她知道如何自我解嘲，也知道如何关心别人。她不贬低别人，也不利用别人。她尊重人，对人公平、体贴。她具有人格的力量。我就以此来结束我的评价。

约翰·C·科林斯

英文老师对女儿的评价让我目瞪口呆，有哪位老师会对一个学生的品质"以性命来担保"？！无论对学业上的特点描述，还是对内在人格的观察，甚至对女儿未来的预期，这位有博士学位的老师都远远超过了我这个父亲——我感到惭愧，以这样宽阔的视野对一个孩子作出评价，对我，对中国的教育文化来说都是陌生的。

指导老师的评语

去年10月的一天，斯蒂芬从中国来到马萨诸塞州沙龙市的沙龙高中，坐在我的办公室里登记注册，成了我们这里的新学生。哇！我无法理解她脑子里会想些什么。第一印象容易给人错误导向，但我很快被这个女孩的沉着、聪慧所震惊，开始关注在她身上会发生什么。

幸运的是，斯蒂芬以前曾经在澳大利亚住过一年半，英语表达能力和理解能力都不错。我们开始制订帮助斯蒂芬的学习计划。当天，斯蒂芬表示她的目标是争取和其他高年级学生一样从沙龙中学毕业，然后申请在美国读大学。作为一个在沙龙中学做过37年顾问，接触过来自不同国家的留学生的人，我不得不指出斯蒂芬的目标太高了。但是，她以轻柔却坚定的语气笑着回答："我是高年级学生，想这个学年就毕业。"

斯蒂芬表现得很完美。在我做顾问的经历中，还没有听说过有外国学生比她更快地完成了学术转型。谦虚的斯蒂芬甚至不愿意接受她应得的高分数，数学和其他理科方面的科目对她来说很轻松，遥遥领先于她的同班同学。她喜欢语言，学起法语来是个明星。然而在英语和美国历史方面，她的阅读和写作水平还需要努力。她的所有老师都有共同的想法，"她太不可思议了，请再给我们20个像斯蒂芬这样的学生！"他们一致赞扬她的勤奋、学术好奇心、专心学习和愿意帮助小组中其他同学的行为。平时斯蒂芬在课堂上很安静，但一被叫到回答问题时总是清楚无误，显示出极强的理解力。

她的历史老师这样评价：

"考虑到斯蒂芬有限的学习英语的经历，她在字谜、小测验和写作方面的成就是惊人的。我知道她花几个小时做每日的字谜测验准备，胜过她的同学。她来我的班3个月写作能力就大幅度提高。她总是来寻求帮助，问很棒的问题。"

我有充足的理由相信，她在美国有竞争力的大学里会非常成功。她的法语老师补充说："尽管这只是初级法语班，但斯蒂芬是迄今为止最好的。她对语言敏感，在一个小时内就能掌握别的同学一个月才能记住的单词。她人也很好，总是耐心地帮助同一小组中落后的、新来的学生按时完成作业，因而他们特别愿意和她在同一小组。毫无疑问：斯蒂芬聪明、专心、勤奋，而且特别有组织纪律性。"

最后，教她初等微积分和三角学的老师这样评价斯蒂芬，"一个优秀的学习数学的学生，拥有极高的数学技能。她的作业总是无可挑剔，很明显，她依靠直觉，有创造性地解决问题。她谦虚、不摆架子、文静，但是她积极主动地伸手帮助同学，她经常放学后来找我，而我在忙着和别的学生交谈时，她就在教室里帮助其他同学。"

斯蒂芬在学业上越来越自信，同时她也开始交朋友，在社交方面开始轻松自如。她爱好运动，希望能参加我们学校的春季田径比赛。她开始意识到自己和沙龙高中的同龄人有许多共同之处。最近，她的父亲问她美国教育和中国教育有什么区别时，她说："老师不一样：美国老师非常亲切、友好，考完试他们进行评论；而在中国，我们只是拿到分数。在中国我们需要死记硬背，而在美国你不得不学习思考，学会表达思想。"

斯蒂芬是个不同寻常的女孩。她独立、灵活，非常善于适应生活中的变化；她以乐观的态度看待将来在大学的学习。尽管她想念父亲、其他亲人和在中国的朋友，但她肯定对大学的挑战有准备。在沙龙高中的极短时间里，她就证明了自己是优秀的学生，是积极进取、善于接受挑战的女孩。

我满怀热情地赞同最具竞争力的大学接纳她。

乔·贝克汉姆

这像是一份学生评价吗？说实话，贝克汉姆先生的推荐信，我读起来就像是一个老朋友在与我娓娓而谈，亲切、从容，充满热忱。显而易见，他是如此负责，除了自己的观察，还逐一征询了女儿所有科目老师的意见，遣词用语非常谨慎——例如，我很担心女儿因为爱面子、不主动在上课时积极回答问题的习惯。而这是美国教育中非常被看重的品质，几次在邮件中叮嘱她要改正这个缺点。贝克汉姆先生也发现了这点，但他使用的词是中性的——"安静"。他在小心翼翼地呵护着什么呢？呵护着学生的自尊！

读完这些老师极具个性的评价，那个"没有数学脑子"的、只能上文科班的、垂头丧气感到"厌学"的女儿消失了，取而代之的是一个看起来正全面获得进展、甚至有点出类拔萃的女儿！仅仅三四个月过去，女儿的学习状态和自信简直就像换了一个人，是什么起了如此奇妙的催化作用？我想说，是不同的评价标准使然！一个孩子如果总是受到负面评价，就会产生自我的

"负驱动"，自暴自弃。处在学习过程中的学生就像一杯没倒满的水。在中国老师这里，通常看到"一半是空的"；而在美国老师那里，却总是看到"一半是满的"——前者否定，后者肯定，哪一种会对学生产生激励作用呢？当然是后者，这早已被心理学上著名的"罗森塔尔效应"所证明——仅仅是因为教师对学生的期待不同，一部分学生就会比另外的学生取得更大的进步。这难道不是我们的教育应当反省、深思的吗？

尽管相隔万里，我还是想大声对这些了不起的美国老师说声"谢谢"，他们做到了我这个父亲力不从心的事——让女儿重新"起飞"。我已不在乎这些评价对大学录取女儿产生什么影响，但我问女儿，是不是永远不会忘记，曾经有一个叫科林斯的老师在评价自己时说——"我以性命担保她行，对此一秒钟都不应该怀疑！"

女儿热烈地回应："YEAH！"

爱泼斯坦的故事

学习障碍并不可怕，最可怕的是爱的丧失、自信的丧失和进取心的丧失。

纽约大学医疗中心儿童神经外科主任爱泼斯坦，是世界上第一流的脑外科权威之一。他首创了不少高难外科手术，然而，他在读书时却是一名严重的学习障碍学生。他自述说："至今，那一天还寒气逼人地凸现在我的记忆里：黑板前，我诚惶诚恐地描摹着老师要我写的字，写完后，同学们哄堂大笑，原来，所有的"e"都写反了。为了避免上学，我经常装病。到五年级时，显然很不情愿，我开始自认为比别人笨。"

但爱泼斯坦的老师默菲却不这么认为，他把爱泼斯坦叫到一边，递给他交上去的考卷，上面满是叉号。"为什么我们不再来一次呢？"老师叫爱泼斯坦坐下，挨个问考卷上的原题，他一一作答。"答的对。"老师微笑着连连说，"我知道你其实懂得这些题目！"老师边说边把题目都打上勾，把分数改成及格。后来，爱泼斯坦五年级以后，转到纽约市一所公立小学。新老师肖小姐也看出他学习很费劲，努力帮助他。一天，在他花好长时间完成习字练习后，肖老师夸奖他很有进步，并建议他拿给校长看。

爱泼斯坦的姨妈是一位小学老师，她也乐于帮助他。她让他在餐桌旁坐下，不厌其烦地辅导说："不要着急，咱们明天再试，你会通过的。"爱泼斯坦的字写得乱七八糟，他姨妈常常先检查上周的作业，如果不能赞扬他的书写，至少也要赞扬一下书写的内容。"那个想法太妙了，让我们把它再写一遍。"随后就是拥抱，小饼干和姜汁啤酒。就这样，爱泼斯坦始终没有失去信心。他记性好，能背诗，学化学得不错，又擅长唱歌，终于有了出头露面的机会。他凭借努力，攻读了医学博士学位并取得了不错的业绩。

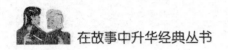

凯蒂旺普斯是什么?

你教的学生开始怀疑了，你的教育就成功了。

怀特森先生教的是六年级的科学课。在第一堂课上，他给我们讲了一种叫做凯蒂旺普斯的东西，说那是一种夜行兽，冰川期无法适应环境而绝迹了。一边说，一边把一个大骨传来传去，我们都作了笔记，后来又进行了测验。

他把我的试卷还给我时，我惊呆了。我答的每道题都被打了个大大的红叉，测验不及格。一定有什么地方弄错了！我完完全全按照怀特森先生所说的去回答的呀。接着我发现班里的每个人都没有及格。发生了什么事？

很简单，怀特森解释道，有关凯蒂旺普斯的一切都是他编造出来的。这种动物从来都没有存在过。所以，我们笔记里记下的那些全是错误的。难道错的答案也能得分吗？

不用说，我们都气坏了。这种测验算什么？这种老师算什么老师？

你们本来应该推断出来的，怀特森说道。毕竟，正当传凯蒂旺普斯的头骨时，他不是告诉过我们有关这种动物的一切都没有遗留下来吗？怀特森描述它惊人的夜间视力，它的皮毛的颜色，还有许多他不可能知道的事实。他还给这种动物起了个可笑的名字。可我们一点也没有起疑心。

他说我们试卷上的零分要登记在他的成绩记录簿上。他也真的这么做了。

怀特森先生说他希望我们从这件事当中学到点什么。课本和老师都不是一贯正确的。事实上没有人一贯正确。他要我们时刻保持警惕，一旦认为他错了，或是课本上错了，就立即大胆地提出来。

上怀特森先生的课，每一次都是不寻常的探险，有些科学课我现在仍然能够差不多从头至尾地记起来。有一次他对我们说他的大众牌轿车是活的生物。我们花了整整两天才拼凑了一篇在他那里通得过的驳论文章。他不肯轻易放过我们，直到我们证明我们不但知道什么叫生物，且还有坚持真理的毅力时，他才罢休。

......

　　这里面的价值并非每个人都能觉察到。有一次我拿怀特森先生的事例讲给一个小学教师听，他惊骇极了。"他不该像这样捉弄你们的。"那小学教师说道。我正视着他的眼睛，告诉他他错了。

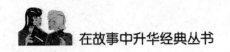

快乐课堂

教育应当使所提供的东西让学生作为一种宝贵的礼物来领受，而不是作为一种艰苦的任务要他去负担。

简单的开场白，陆老师向我们许诺一定能够让我们快乐地面对学习，感受到学习的快乐。在接下来让同学们做的自我介绍中，他就开始兑现他的快乐承诺了。当钱伟彬同学作自我介绍的时候，陆老师笑眯眯地说："姓钱真好，是个有钱的料子。"同学们轰地笑了。接着钱伟祥同学作介绍的时候。陆老师又说："希望你真的能成为钱伟长第二。"（粤语"祥"和"长"同音）陆老师的幽默有趣总是带着对我们的尊重与鼓励，第一节课，他就轻易地赢得了我们的好感。师生之间的距离一下就拉近了。

更多的快乐还在后头。陆老师的幽默谐趣让我们从中体会到了学习的快乐。语文课外，陆老师还兼上我们的思想品德课。以往，品德课总是最无趣的。老师总是让我们先读课文，然后对着书本，板着脸对我们进行教育，每一次都让我们昏昏欲睡，提不起劲儿。

陆老师的课堂却截然不同，记得那次上的是《勤劳致富，解除迷信》。陆老师让我们介绍身边劳动致富的例子。一个调皮的同学大声说："黄小兰的爸爸给死人吹喇叭赚了不少钱。"大家听到以后哄堂大笑。黄小兰的脸涨得紫红紫红的。陆老师仍然微笑着看着大家："三十六行，行行出状元，吹喇叭也是凭自己的本事吃饭。我们班上有会吹喇叭的同学吗？"大家都静了下来。陆老师接着说："中国人向来讲究孝道，人在百年归西之后，子孙们就找人来吹吹打打表示对先人的尊敬。但是随着现代文明的深入，这个行业以后可要消失了。小兰啊，你回家之后得让你爸准备转行了。"……陆老师的课堂就是这样，总是能巧妙地化解所有突如其来的意外，让我们有所思考，又能让我们感受到轻松和快乐。

还有一次是在课堂上，我们正津津有味地听着陆老师的课。忽然，窗外围了很多别班上体育课的同学在芒果树下争先恐后地摘芒果，热闹非凡。同学们都忍不住好奇地往外看，陆老师看到这样的情形，并没有生气，他把坐在第一排的一个同学叫了起来："如果我告诉你明天永峰同学就要结婚了，你会相信吗？"大家一听都愣住了，然后笑嘻嘻地喊道："不相信！"陆老师接着问："为什么？""因为永峰还太小，不能结婚。"陆老师说："大家都说得很对，永峰现在还小，该读书的时候就要读书。适当的时候总是要做适当的事情，你们上课的时候想着摘芒果，对吗？"同学们都低下了头。我们重新回到陆老师的课堂中。下课铃响的时候，陆老师问大家："现在该干什么？"我们笑着说："下课。"老师笑着喊道："对！下课了，我们摘芒果去！"大家欢笑着跟着陆老师跑了出去。

　　虽然短短的两个月，陆老师却让我们懂得了尊重别人，体谅别人，让我们懂得了自尊与自强，懂得了寻找快乐，并真切地感受到了课堂上前所未有的轻松与快乐。

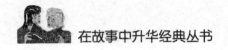
两位女教师的一堂课

想办法去除那些既定认识，我们就会发现，其实每个孩子都是向善的！

这里写两女教师，一位是现实中的，一位是书上看到的。

第一位女教师班上有一位男孩，平时作业乱糟糟，学习不认真，还喜欢骂人、打架、旷课，反正包括这位老师在内的所有老师都把他看成一无是处、不可救药的孩子。

一天语文课上，这位老师布置了一篇作文，题目叫《我的祖国》。大家都刷刷地写起来，而那个男孩仰面朝天地呆着，不知在想什么。当然，最终他还是写了几笔。当老师看他的作文时，发现上面只写了几个字："祖国是母鸡，我愿意是一粒米。"这样一个平时不着调的孩子竟然也能写出这样的句子，而且，老师也相信，这样的孩子不会写假话、空话。女教师被感动了一下子，她发现了这个孩子的一个优点，起码他也是一个爱国的孩子，一点点好感从教师的心中升起。老师写下了非常肯定的评语："这个'母鸡与米'的比喻在这次作文中最精彩，最迷人！说明了你对祖国浓浓的爱、深深的情。"

源于一次小小感动之后一点点肯定的评语，却有着莫大的力量。从那天起，男孩似乎有了很大的变化，他变得有礼貌，变得积极了，老师能看出来，这个孩子在向好的方面努力……这位老师很惊讶自己在语文课上的一个评语怎么会改变一个孩子呢？

另一位女教师是书上看来的，那是美国的一位老师。新泽西的一个小镇上的学校，有一个很"差"的班，26个学生几乎都有过不光彩的历史，吸毒、进少管所、堕胎……老师们放弃他们了，家长们也放弃他们了，他们自己也放弃自己了，觉得这辈子也不会再怎么样了。女教师这天出了一道选择题，有这样三个青年：

A. 信过巫术，还有过两个情妇，有过多年的吸烟史，而且嗜酒如命。

B. 曾经两次被赶出办公室，每天要到中午才起床，要喝大约一公升的白

兰地，而且还有过吸食鸦片的不良记录。

C. 曾是国家的战斗英雄，一直保持素食习惯，不吸烟，偶尔喝点酒，大都只是一点啤酒，年轻时没有任何不良记录。

这位女教师让班上的同学们选出一位日后能够造福人类的人，同学们的答案几乎都是 C。出乎所有同学的意料，这三个人都是二战时的著名人物，分别是 A. 富兰克林·罗斯福；B. 温斯顿·丘吉尔；C. 阿道夫·希特勒。

这位女教师说："你们的人生刚刚开始，过去的荣誉和耻辱，只能代表过去，真正能代表一个人一生的是他现在与将来的所作所为，从过去的阴影里走出来，做一生中最想做的事情，你们都能成为了不起的人才……"

后来，她的班上真的出了不少人才，有一位做了著名的心理医生，一位成了华尔街最年轻的经纪人……

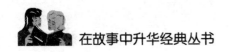
是压力教育的成果？
还是对学校教育的挑战？

专门的教育一般被认为是受教育者"文化化"的过程，"文化化"不仅仅是接受文化，而是通过文化而建构主体精神，也就是去成为一个人。在大工业的技术时代，教育对个体精神建构的价值，日益黯淡了。教育对精神培养这一崇高理想已被置于一旁，知识技能教育，潜能的发展是现代教育的主题，这其实是教育工具化和人工具化的表现。

下面是发生在我们学校里的几个典型事例：

满舟，17 岁。人生格言：I think I can than I can do it!!! 已出版 20 万字的《黑客攻击防范密技》。现任 Cooleader.com 网站首席执行官，Afeleader.com 网站首席执行官，Eastsafe.com 网站站长。复旦大学决定破格录取满舟。

复旦大学通信科学与工程系主任钱松荣教授和计算机科学系主任周傲英教授给满舟的评价是：

1. 作为一个中学生，接触网络仅一年左右的时间，通过自学，能够出版 20 万字有关网络方面的编著，甚为罕见。尽管这是部编著，不少内容通过下载获得，但依然能说明，他具有非常强的查找资料的能力。

2. 在网络的个别领域进入的比较深，但由于条件的限制，相对而言，他的计算机基础知识还相当薄弱。

3. 希望满舟同学合理作息，努力学习，扎实基础，拓宽视野，全面发展。

韩寒，17 岁，上海市松江二中学生，已休学。

1999 年，在上海《萌芽》杂志社和北京大学等 7 所大学联合举办的面向全国中学生的第一届"新概念作文大赛"中，作为一名高中生，他参选的三篇文章《书店》、《求医》和《杯中窥人》全部入围，并最终以《杯中窥人》

获一等奖。

同年，因考试7门课亮红灯，按有关规定留级，重读高一。

2000年，他再次参赛，《穿着棉袄洗澡》获二等奖。

2000年4月4日，因期末考试7门课亮红灯，办理了休学一年的手续。

2000年6月，由作家出版社出版了他的21万字的长篇小说《三重门》，至今销售量已愈23万多册。随后又出版了《零下一度》，再次引起轰动。

韩寒拒绝了复旦大学的破格录取。他说："为什么大学这么多年中文系教育失败，因为作家根本不需要教育。对写东西来说，生活是最好的大学，但生活未必只确大学有，你无论怎样的生活都比文学理论强上无数倍。"

聂愿愿，15岁。

1998年13岁时以628分的高分被华中理工大学录取，成为华中地区历史上年龄最小的通过正常途径考试入大学的。

聂愿愿的妈妈说：愿愿之所以有今天，完全是他爸爸教出来的，是他自己学出来的。他从8岁起离开学校回到家里，到11岁再回到学校，在这4年的时间里，他学完了从小学到高中12年的课程。一年365天他至少有350天在学习。刚开始，愿愿受不了这个苦，爱玩，对爸爸布置的作业总打折扣。他爸爸就对他拳打脚踢，父子关系很紧张。愿愿经常天真地说他恨爸爸，要把爸爸杀了。过了一段时间后，他学的得心应手。父子关系也渐渐缓和了。愿愿的爸爸武汉大学肄业，后来在中学教书，为了儿子也辞掉了公职。

98年聂愿愿参加高考，每一科都是第一个走出考场。他的成绩名列该校第一名。记者采访他时间：现在还恨不恨爸爸。他当即摇了摇头，说：爸爸完全是为了我好，他为了我牺牲了很多，我现在很感激他。我要更努力学习考上博士让他高兴。谈起这次高考，聂愿愿说："这次丢分主要在实验题上，到参加高考，我没做过一次物理和化学实验，甚至试管和烧杯都没摸过。"

王小平，20岁。

17岁登上全国学术研讨会讲坛，给专家做学术报告。

18岁，在高校主办系列讲座，在报上开设专栏。

19岁，与人合著成功学巨著——《大成奥秘——超越美国成功学》。

20岁，以一部30万字的专著《本领恐慌》在教育界掀起轩然大波。

王小平15岁时决定退学，退学前在石家庄27中就读，学习成绩在班里

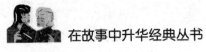
名列第一，还是三好学生。退学的理由是：从小学到高中，学校一个学期翻来覆去才学 10 来本书，自己一个月至少可以读几十本书。在学校学那么一点东西却花费大量的时间和精力，这实在是不值得！她记得一位诺贝尔奖获得者说："培养一个杰出的科学人才的最好办法，就是'停止当学生'，直接成为研究者。"

临场退却的背后

没有人能打败你，除非你自己。

为了提高学生阅读课外读物的兴趣，我们学校举行了一次讲故事比赛。小选手们讲得绘声绘色，小听众们听得聚精会神。马上该我们班上场了，看着两个一直用渴望的眼神盯着我的小候选人，我真不忍心伤害其中任何一个，却又不得不马上作出决定。

我的脑子在飞速旋转：……就她吧。于是，我下定决心抓起陈倩的小手，"就你上！"可是，出乎我的意料，她不但脸上没有兴奋，反而低下头来不敢看我，低声说："我有点难为情。""我相信你能讲好，别紧张。"我安慰道。"可是，我结尾的地方有点没记牢……"我沉默……陈倩悄悄抬头看看我，慢慢的，眼圈湿了。"怎么会这样？"我不敢相信这样一个上进心极强、门门功课都优秀、而且排练时表现极佳的孩子，竟会怯场。

"老师，我去！"话说得又快又干脆，还带着一种说不出的兴奋。看着梦洁高举着的小手，我的脑海里马上闪现出她这几天全心投入排练，哪怕嗓子哑了也不退下"阵"来的情景。就是她了。

事后，我仍久久无法平静，跟前一直是陈倩那张沮丧而胆怯的脸。再后来很长一段时间里，我一直在观察她——她情绪比过去低落，考试前不再自信满满，课间很少像过去一样带领大家玩耍，管理班级也畏手畏脚起来。

陈倩妈妈对我说，陈倩临场发挥的能力强，如果真让她上场，她的表现一定会很好……我知道，我错了，面对一个即将失去自信的孩子，我没能拉她一把，给她以鼓励，让她试一试，反而置其感受于不顾，无异于在悬崖边推了她一把。

拭亮孩子的心灵

人的所见得自眼睛，更得自心灵之睛。

（一）

这是一位美国教师的杰作。

一个周末的下午，他让全班学生在两张纸上列出班上其他同学的名字，名字间备有空格，然后把每位同学的优点写下来。这个特殊作业占用了一节自修课。放学前都交给了老师。到了周一，老师把写有每人优点的表格发给了学生。有些人还用了两张。看得出，全班同学每人脸上都露出了笑容。有人在小声地说话，"真的吗？""我从来都不知道别人怎样看我。""我没有想到别人竟会这么喜欢我！"

此后，虽然再也没人提起过那张纸，但班里的情况却大为改观。同学们和睦相处，好学上进，朝气蓬勃，学习成绩也提高了许多。学生们渐渐长大，尔后各奔前程。

后来有一个叫马克的同学，在战争中英勇牺牲。他的父母在马克的口袋里拿出一个皮夹，里面有两张非常陈旧、折叠过无数次的纸，上面写着马克的优点。显然，这是马克心爱的珍藏。它伴随马克走过了一生。

（二）

一个年仅 9 岁的小学一年级学生放学带回一张 16 开的纸给家长看，上面

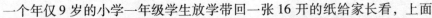

密密麻麻写满了铅笔字，都是小学生的笔迹，其中有些字是用拼音代替的，主题是"我们大家评××"，共列有18条，还有18个歪歪扭扭的签名。现原汁原味摘录如下：

1. 有时候要打人，做作业要玩；2. 字写得不 duān 正，shuì 觉要玩橡皮泥；3. 乱扔纸屑，不讲卫生；4. 经常作业没完成就去玩；5. 上课不专心，听课开小差；6. 小气，不肯借东西给同学；7. 上课经常受教师批评；8. 不让同学亲近老师；9. 做早操经常 bèi 体育委员拉出队伍；10. 上音乐课经常 dǎo 乱；11. 上课不 jǔ 手发言；12. 回答问题声音很轻，大家听不到；13. 上体育课讲话，不听老师的话；14. 眼保 jiàn cāo 经常让我班扣分；15. 喝开水经常不排队；16. 跑步时要吹牛；17. 喝开水时把开水倒在同学身上；18. 做口算 zuì màn……

这罪状18条是那位小学生的班主任老师发动班上学生"民主评议"出来的。事情的经过很简单，那天开班会该学生迟到了，班主任临时改变主意，将班会的主题改为"让大家来评××"。

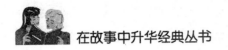

雪融化了是春天

教育的最终目的在于发展各人天赋的内在力量，使其经过锻炼，能人尽其才，在社会上赢得他应有的地位。

"雪融化了是什么？"某老师在课堂上问了这样一个问题。一个小学生近乎异想天开地回答道："春天！"然而，他的老师却一本正经告诉他错了，并把"标准答案"写在黑板上，叫学生们用心记住，答案是"水"。

雪融化后变成水，这是常识，但孩子的回答就错了吗？至今，我们的记忆中还有"冰雪融化，种子发芽，果树开花"这样让人怦然心动的句子——这难道不是指美丽的春天吗？！多么面目可憎而机械的"标准答案"——想象的翅膀被"喀嚓"一声剪断了！

另据报载，不久前，一位小学生家长给教科所蒋国华教授写了一封信，信中也曾提到一件类似的"黑色幽默"，不妨将信件的部分内容摘录如下：

"我的同事的孩子刚上初中，这个男孩子非常喜欢看课外书，懂得许多东西，但又暂时没有被驯化成'好'学生。一次语文课上，老师讲解课文的一段，说烈士的鲜血染红了山茶花。他站起来反驳老师，说鲜血不可能染红山茶花，并把花为什么会是不同颜色的科学道理讲了一遍。老师大概从来没有遇到过如此大逆不道的反抗，当即勃然大怒，把他赶出了教室，罚他不准上课，并郑重前来家访，要家长加强管理……"

老师固守着答案的惟一性，不允许学生有异想天开的想法，并始终不遗余力地维护自己的权威性，师生没有对话平台，彼此之间难以沟通。不得不承认，这便是目前国内大部分学校教育的现状。我们不妨再来看另一个例子吧。

凯特是密歇根州詹姆斯敦小学的一名学生，有一天，她很客气地给当地一家快餐连锁店写了一封信，信中说，她希望能终生免费吃炸鸡，因为这是她的最爱。让人吃惊的是，这家快餐店竟然答应了她看上去有点荒谬的要求。

成长足迹

还有比这更让人吃惊的事，凯特不是纯粹因为好玩才有此"荒唐"之举的，这是她的老师布置的一项作业——老师要求班上每个学生给当地企业写封信提个"尽可能荒谬"的要求。换句话说，是老师鼓励他的学生去"异想天开"的。这项作业的好处显而易见：学生既得到了语言的训练，又得到了社会的、感情的、创造性思维的收获。

瑞士有位学者有一段著名的论述：教育的最终目的在于发展各人天赋的内在力量，使其经过锻炼，能人尽其才，在社会上赢得他应有的地位。很大程度上，一个人的命运决定于他所受的教育，怎样的教育培养出怎样的人才。雪融化了是水，但雪融化了也可以是春天……

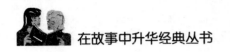

辍学的天才少年

人类需要渐渐长大的儿童，揣着童心的儿童样子的儿童，那才是长久的、健康的、醇美无比的。

严永明，男，1983年出生于湖南，曾被认为是一个天才儿童，2岁时就掌握了1000多个汉字，母亲李腊梅看到儿子的过人才智，想尽千方百计挖掘着孩子的潜力。在母亲的指导下，严永明的生活中，除了学习，还是学习，没有伙伴，也没有玩具。

1991年，8岁的严永明跳级到了县属重点中学，也跳过了他的童年。"学生就得读教材，就得围绕教学计划、高考提纲这根指挥棒来转。"母亲总是这样教育他。为了儿子的学习，母亲将他生活上的事全包了，甚至吃饭也喂。儿子稍有不服，母亲便以"武力"制服，父亲的干预也无济于事。

1999年，13岁的严永明便以高分考进大学，进入湖南湘潭大学物理系学习。学校考虑到严永明年纪小，把母亲接去陪读。学校破例给母子俩安排了一套一室一厅的住房。在大学里，小永明仿佛"稀有动物"。他极不合群，与人交往的方式仅仅是一句话——你好，一个动作——握手，礼仪常识他也知之甚少，甚至几乎没有这方面的概念。他很少与人打招呼。到老师家里玩，也不管别人是否已经休息，就"砰、砰"地敲门。门一开，一句话也不说，就朝老师的电脑房奔去。去拜访一位素不相识的老师，见到别人在看报纸，他二话不说，从人家手里拿过报纸，就自顾自看起来。读大一时，一天在系办公室玩，他突发奇想，一个电话拨到119，称学校发生火灾。几分钟后，消防车呼啸而至。

在大学里，在教授们的关照下，严永明学习范围曾有所拓展。他迷上电脑，很快学会了编程，会破解别人的电脑密码。他也很快犯错误，一次，他将一个同学存在电脑里加密的情书破解了并公布出来，同学上来要揍他时，他正读得哈哈大笑……

读大三时，学校决定将严永明从保护区搬到集体宿舍，和同学朝夕相处。但母亲并不放心，开始站在教室外面看儿子上课。

2000年，17岁的严永明又考取中科院高能物理研究所硕博连读，这一次研究所拒绝其母亲的陪读。独自在北京的严永明生活自理能力奇差。据说天冷了，不知道自己去加衣服，有时下雪天也穿着单衣、拖鞋到处跑。

2003年，严永明从中科院肄业回家。关于肄业的理由，李腊梅告诉记者是因为严永明犯了个错误，被学校处分并取消硕博连读的资格；严永明自己则说，那次处分并没有影响到他的学业，肄业回家是因为没有写出研究生毕业论文。回到家的严永明，开始逃避自己的母亲——母亲进房间给他抹席子、点蚊香，他就几步冲了出来；母亲出来，他又马上回房间把门锁上。严永明从北京回来这一年，这对母子间的隔阂越来越大，一天难得说上一句话。

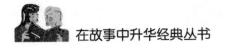

不平等的高考录取线

高考制度是关系到我们国家整个教育系统乃至社会和政治稳定的一个重要制度，可以说是中国最重要的国家考试制度。对这个制度进行改革，难度很大，是牵一发而动全身的系统工程。

多年来北京市的考生在考北大和清华等北京市的重点大学享有极不合理的特权。请看下面的一组数字：

北京四中300名学生，有132名考取北大、清华。一个中学，300名考生考取这两所顶级大学的数量，居然要超过分配给基础教育一流的浙江全省。2002年北大在重庆市录取76名，其中理科最低分672分，文科最低分595分，而在北京市实际录取理科生272人，文科生132人，录取分数线为理科622分，文科577分。两地都是直辖市，而且北京市人口还不到重庆市的一半，招生名额却是重庆的5倍多。同样的考题，2000年北京市文科第一批录取分数线为465分，湖南省普通高校招生最低录取控制分数线文科重点本科为528分，湖北省最低控制分数线理工类第一批为559分，最高相差83分。

民盟中央常委，武汉大学博士生导师万鄂湘教授，提交给"两会"的《我国高等教育面临的问题与改革建议》的提案专门提出全国高考录取分数线严重不平等的问题："除了个别实验省市以外，全国的高考生考的是同一道题，可是中部省份，如湖南、湖北、江苏等省的分数线要高出经济发达省（包括北京市）近180分，中部高等院校同一个班的学生，高考分数之差竟达200分以上。"在北京能上清华的分数，在一些地方上不了重点大学；在北京能上重点大学的，在一些地方则无学可上。2001年8月23日，山东青岛3名应届高中毕业生向最高人民法院递交行政诉讼状，起诉教育部侵犯了公民的平等受教育权。这一年北京文科的重点控制线是454分，而山东是580分，相差126分；北京的理科重点控制线是488分，而山东是607分，相差119分。提起诉讼的3名女生的分数分别是522分（理科）、457分（文科）、506

分（文科）。以这样的成绩，在北京可以考上重点院校，而在青岛，其中两个人只能读上高职和电大，而另一个人则完全没有希望。这是不争的事实。有人说，北京市的考生考大学就像考初中那样简单。多年来，北京市的考生报考北大、清华等重点大学一直享有外地人享受不到的"特权"。这种"特权"，被众多的教师、学生家长称为"中国教育最大的不公"。

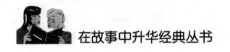

瓦拉赫与毕加索的成功之路

世界上没有两片完全相同的绿叶，才将世界装扮得如此的美丽。

奥托·瓦拉赫是诺贝尔奖获得者，他的成才过程富有传奇色彩。瓦拉赫在开始读中学时，父母为他选择的是一条文学之路，不料一个学期下来，老师为他写下这样的评语："瓦拉赫很用功，但过分拘泥。这样的人即使有完美的品德，也绝不可能在文学上发挥出来。"此时，父母只好尊重儿子的意见，让他改学油画。可是瓦拉赫既不善于构图，又不会润色，对艺术的理解也不够，成绩在班上倒数第一。学校的评语更令他难以接受："你是绘画意识方面不可造就的人才。"而对如此笨拙的学生，化学老师认为他做事一丝不苟，具备做好化学实验的素质，建议他试学化学。父母接受了化学老师的建议。这下，瓦拉赫智慧的火花一下子被点燃了。文学、艺术的"不可造就之才"一下子变成了公认的化学方面的"前程远大的高材生"。同类学生中，他的成绩遥遥领先。

毕加索出生于西班牙一个美术教师家庭。在上小学时，他的学习成绩很差，算术、读书、写字等课程没有一样能学好，甚至连字母也拼得乱七八糟。虽然经过多次教育，但长进不大。眼看十几岁了，几乎还是目不识丁。毕加索非但不能及时做好作业，反而在作业本上乱涂乱画。不过，毕加索并非是个邪恶、不守纪律的放荡孩子，只是他偏爱作画。他在作业本上乱画的罗马人、野兽人、持戈武士和剑客，很受同学喜爱，可他就是不爱学习其他课程。毕加索的父亲虽然想过多种办法，试图改变这种状况，可就是不见效。父亲斟酌再三，决定发展儿子的特长，让儿子去接受正规的美术教育，以满足儿子的嗜好。于是，他通过朋友的帮助，设法让这个年龄不够、学习成绩不佳的孩子，破格进了巴塞罗那艺术学校。毕加索从此开始了他的绘画生涯，并最终成为法国现代派的主要代表，蜚声画坛的大师。

想象能让孩子走多远

缺乏想象的学者只能是一个好的、流动的图书馆和活的参考书，他只会掌握知识而不会创造。

（一）

这是一节初中一年级的美术公开课，教学内容是装饰图案造型方法，其中一部分是关于四只母鸡和一只鸡蛋的分解方式。

老师问："请大家数一下这幅分解图里共有多少只鸡？"

"四只。"学生大声地答道。

"好的。"老师正准备往下讲，忽然传来一阵惊呼："五只！""请你再数一数？"老师用暗示的口吻说。"的确是五只呀，您看，还有一只藏在鸡蛋里，马上就要蹦出来了！"说完，那个学生还做了一个要"蹦出来"的姿势。他那充满灵气的神情似乎并不在意周围同学的哄堂大笑，更没有注意到讲台上老师那张尴尬的脸。"鸡是鸡，蛋是蛋，两者不能混淆。"……接下来，便是教师预先"精心"设计好的讲解。

（二）

有一个孩子在同学中人缘并不好，因为他经常"说谎"，譬如他捡到一枚怪异的石头，他就会对同学说："这是一枚宝石，可能价值连城。"同学们当然报以哄堂大笑，可是他并不在意。久而久之，老师把他的问题反映到了他的父亲那里。父亲听了却不生气，只是暗中观察孩子是否真的像老师说得那

99

样在说谎。

有一次，孩子在泥地里捡到了一枚硬币，他神秘兮兮的拿着对他的姐姐说："这是一枚古罗马造的硬币。"姐姐拿过来一看，却发现这只是枚十分普通的旧币，只是由于受潮生锈，显得有些古旧而已。孩子的姐姐便把这件事告诉了父亲，希望父亲好好惩罚他，让他改掉那种让人讨厌的"说谎"的坏毛病。可是父亲却对孩子说："我怎么能责备你呢？你的想象力真伟大。"

对于孩子父亲的这种怂恿行为，许多人都不以为然，认为这势必害了孩子，他长大后会变成一个满口大话十分虚伪的人。但是，谁也没有想到这个孩子长大后却成了著名的科学家，他的名字叫达尔文。

心理惩罚

雨果曾说："创办学校的人关闭了监狱。"但愚蠢的老师和糟糕的学校本身就是孩子心灵的监狱。

据报道，吉林省长春市某小学利用课间时间向学生推销饮料"刨冰"。五年级某班主任高凤英抓此事很有力度：买得多的，她反复表扬；买得少的，她点名批评。学生小盛家庭拮据，但为了响应学校的号召他还是买了。吃了几次后，小盛连连拉肚子。盛母把情况告诉高凤英，高却在班上批评小盛："拉什么肚子？就是自私找借口不买刨冰！"不久，一位家长写信向当地教委反映了此事，此举极大地刺激了高凤英，她在班上扬言："匿名信我看到了。一看就是盛×他妈写的，你们说是不是？"同学们齐声回答，"是！"高凤英接着说，"盛×，你妈不是人，不买刨冰就是不响应学校号召，就是反对社会主义，就是反革命！"小盛当场被气倒在地。

以后，小盛时常遭到高凤英的谩骂，小盛开始变得忧郁恍惚起来。晚上母亲说话时，他莫名其妙地上前捂住母亲的嘴，恐惧地说："妈，别说了，高老师正在后院偷听呢！"早上4点多钟他就爬起来往窗外看，说："妈，高老师晚上在这听了一夜！"

最后，小盛被医院诊断为小儿精神分裂症。

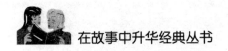

用发展的眼光看待学生

人不是一件东西，他是一个置身于不断发展过程中的生命体。在生命的每一刻，他都在成为却永远尚未成为他能够成为的那个人。

著名数学家华罗庚上初中时接受、理解数学知识比较慢，以致数学考试常常不及格，数学老师认为他不可救药。一次，公然在班上宣称：假如你们当中将来会有一个同学没出息，那么这个人必定是华罗庚。可华罗庚以后通过自己的勤奋自学、刻苦钻研、奋力拼搏，最终成为享誉世界的数学大师，其丰功伟绩载入科学史册。

在法国大文豪巴尔扎克的事业达到巅峰时，有一次，一位70多岁的老妇人请他看一篇小学四年级学生的作文，并让大师预测一下学生的将来。巴尔扎克仔细看过作文后说：从这篇作文看，这名学生将来没有多大的发展前途。老妇人微笑着说：大作家，很遗憾，这名学生就是你，我是你小学四年级的语文老师。此时，巴尔扎克感到无比羞愧。

2002年度诺贝尔物理奖得主日本科学家小柴昌俊，最近在一次记者招待会上告诉大家，由于小时候家境贫寒，上学的费用、生活费都得靠自己打工，没办法静下心来读书学习，以致学习成绩较差。但自己的强项是好奇心强、兴趣广泛。小柴昌俊还向记者们展示了他的大学成绩单：16个科目中拿优的只有2项，而且还是那种只要去上课就可得优的实验科目。小柴一直坚信：成绩单并不能保证人的一生。

由一块糖带来的

爱的能力说到底是造就的能力，千万不要用你浅陋的爱戕害了孩子原来向上向善的心啊。

这是一个自伤自残的男孩。

问起来，他说他挺爱这个世界的——家庭条件那么好，爷爷奶奶爸爸妈妈又疼他，学习成绩也不错，人长得还挺"酷"……小时候的一个晚上，妈妈带他去朋友家串门。回到家，他突然发现一直攥在手里的一块糖没有了。那糖是妈妈的朋友给的，他家没有这样的糖，但是他要！他要！！他一定要！！！他打着滚地哭。爷爷奶奶爸爸妈妈实在心疼，便带上手电，倾巢出动，沿着来路进行"拉网式"大搜寻，眼看到了 12 点了，糖还是没有找到。妈妈看着因绝望而哭得死去活来的孩子，终于硬着头皮敲响了朋友家的门。

他要什么就准能得到什么。后来他长大了，想要一个女朋友。但是他看上的女孩根本看不上他，他不再打着滚哭，而是拿起了一把刀子割破了自己的手腕……在医院里，他被抢救过来。但是他又开始绝食。父母哭着对他说：你想把我们急死？不就是一个女孩吗，你人生的路还长着呢，好女孩多的是。他恨恨地说："但是我就想要她！要她！！要她！！！"

是的，从没有过挫败感的心凭什么不可以歇斯底里地疯狂叫嚣"我要！"得到了是天经地义，得不到就自伤自残。从一块无理的糖开始，那个孩子就被无休止的满足温柔地团捏，直至团捏得失去了人形……

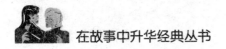

争取弱智？

如果说"加以爱护"是教育的一种境界，那么"不加伤害"应该成为教育的底线。

某地教育局辖下有个"特殊教育中心"，每个学期总有那么一段时间，这里门庭若市，好不热闹。往这里跑的人的目的，概括起来说，就是"争取弱智"。原来，这个教育局辖下有近60所中心小学，为了监控各校的教学质量，教育局规定每个学期都要组织统考或抽考，并以考试成绩作为衡量学校工作实绩的依据之一。教育局在发文件时明确规定，为了公平起见，除了弱智生外，所有在册的学生都必须参加统考；弱智生如果参加考试，其成绩也不必统计在内。为了提高平均成绩，于是许多学校动起了歪脑筋，就是尽最大可能把成绩差的那几个学生归到弱智生里去。由于鉴定是否弱智的权力在"特教中心"，又由于鉴定弱智有一定的灵活性，这就使得个别特教中心的工作人员异常吃香。某中心小学由于校长会交际，每个年级都争取到了一定数量的弱智生，这让一些学校很羡慕。然而，当家长得知自己的孩子一下子成了弱智，每一个家长的心头都在滴血；而当孩子得知自己是弱智时，他们放弃了努力。

尊严无价

我们不愿让那些贫苦的孩子感到他们在接受救济，因为施舍的最高原则，是保护受施者的尊严。

纽约遇到大风雪天气，公司、商店都会停止上班，学校也停课。令人费解的是，雪已经积得举步维艰，公立小学仍坚持上课。于是，有家长打电话责问学校。每个打电话的人，反应都是一样：其先怒气冲冲，接着道歉声声，然后微笑着挂了电话。原来学校解释说："在纽约有许多百万富翁，但也有不少贫困家庭。这些家庭白天开不起暖气，供不起午餐，孩子的营养几乎全靠学校的免费中饭——他们甚至可以多拿一些中饭回家当晚饭，学校如果停课一天，那么这些孩子就要受一天冻，挨一天饿，所以老师宁愿辛苦一点，也不愿停课。"也有家长继续问："为什么不让富裕的孩子留在家里，让贫穷的孩子到学校呢？"学校的答复是："我们不愿让那些贫苦的孩子感到他们在接受救济，因为施舍的最高原则，是保护受施者的尊严。"

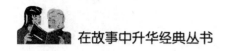
一封奇怪的公开信

一个模范的学生，一个用来供人模仿的人，这个概念在传统教育学中占着统治地位。这类教育学的动力不是发展人格，使人不断地关心他的自由、他的自我责任，而只是获得大量的知识。

亲爱的儿子：

尽管你伤透了我的心，但你终究是我的儿子。虽然自从你考上大学，成为我们家里几代出的惟一的一个大学生后，心里已经分不出咱俩究竟谁是谁的儿子了。从扛着行李陪你去大学报到，到挂蚊帐缝被子买饭菜票甚至教你挤牙膏，这一切，在你看来是天经地义的，你甚至感觉你这个不争气的老爸给你这位争气的大学生儿子服务，是一件特沾光特荣耀的事。

的确，你考上大学，你爸妈确实为你骄傲。虽然现今的大学生也不一定能找到工作，但这毕竟是你爸妈几十年的梦想。我们那阵，上大学不是凭本事考的，要看手上的茧巴和出身成分，有些人还要用贞操和人格去换。这也就是我们以你为荣的原因。然而，你的骄傲却是不可理喻的。在你读大学的第一学期，我们收到过你的 3 封信，加起来比一份电报长不了多少，言简意赅，主题鲜明，通篇字迹潦草，只一个"钱"字特别工整而且清晰。你说你学习很忙，没时间写信，但同院里你高中时代的女同学，却能收到你洋洋洒洒几十页的信，而且每周一封。每次从收发室门口过，我和你妈看着你熟悉的字，却不能认领。那种痛苦是咋样的，你知道吗？

后来，随着你读大学二年级，这种痛苦煎熬逐渐少了，据你那位高中同学说，是因为你谈恋爱了。其实，她不说我们也知道，从你一封接一封的催款信上我们能感受到，言辞之急迫、语调之恳切，让人感觉你今后毕业大可以去当个优秀的讨债人。

当时，正值你妈下岗，而你爸微薄的工资，显然不够你出入卡拉 OK、酒吧、餐厅。在这样的状况下，你不仅没有半句安慰，居然破天荒来了一封长信，大谈别人的老爸老妈如何大方。你给我和你妈心上戳了重重一刀，还撒了一把盐。最令我伤心的是，今年暑假，你居然偷改入学冬季收费通知，虚报学费。这之前，我在报纸上已看到这种事情。没想到你也同时看到这则新闻，一时间相见恨晚，及时娴熟地运用这一招，来对付生你养你爱你疼你的父亲母亲。虽然，得知真相后我并没发作，但从开学到今天，两个月里，我一想到这事就痛苦，就失眠。这已经成为我的一种心病，病根就是你——我亲手抚养大却又倍感陌生的大学生儿子。不知在大学里，你除了增加文化知识和社交阅历之外，还能否长一丁点善良的心？

一位辛酸的父亲

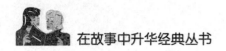

孩子是脚，教育是鞋

　　孩子是脚，教育是鞋，教育者（教师、家长）是造鞋人；只有了解了脚的大小与形状，才会制造出合脚的鞋子，只有了解了孩子，才能设计出适合于他们的教育方法，才能将孩子培养成优秀人才。

　　一位世界级的教育家有一次看见有个小女孩在花园里捧腹大笑，他觉得这对一个只有 15 个月大的孩子来说太不寻常了。女孩坐在平台的砖块上面，全部身心沉浸在一种神往之中。她的四周，天竺葵美丽的花儿在阳光下生辉，美丽得令人心醉。教育家非常好奇，便走过去，想知道女孩是不是因为花的美丽才这样愉快的，但却失望地发现女孩没有看那些花，她的眼睛盯着地面。

　　教育家仔细看了看，什么也没有发现。他将困惑的目光又一次移向女孩，想知道答案。女孩还在那里看. 看着看着，突然，用一种非常庄重的口吻说道："瞧，它在那里动呢。"他这才发现，有一只与砖块颜色差不多、微小得几乎看不见的小虫子在地面迅速地奔跑……

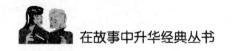

像梨的苹果

懂得爱才能付出爱，学校本身就是传递人间真、善、美的地方，是播撒爱的种子的地方。

米哈朵夫是一位出色的小学图画教师，能飞快地调出各种颜色，闪电似的画出各种线条。尽管他爱发脾气，但所有的孩子还是特别喜爱上他的图画课。他在苏联这个偏远的小城中教了一年又一年图画课，直到翘起的小胡子中出现了一根根令他叹息的白须。

他一如既往地按照自己的范图评价学生的图画作业，从未出现过任何差错。

像以往一样，米哈朵夫翘着有些俏皮的小胡子走上讲台，教学生画苹果。他在黑板上飞快地画了大大小小十几种苹果，然后让孩子们每人选画一个自己喜欢的苹果。

米哈朵夫绕着教室看了一圈，小胡子快活地抖动着，他满意极了。孩子们画的苹果简直可以拿到莫斯科参加展览了。

他的目光落在墙角的课桌上。这是刚刚转到班里的尤里卡，他的父亲是西伯利亚的护林员，因病调到小城工作。似乎是故意捣蛋，尤里卡画的苹果又长又圆，蒂部尖尖的，并且涂满了梨黄色。可以说，他画的根本就不是苹果。米哈朵夫的眼睛眯缝起来，同学们都知道，这是他发作的前兆。

米哈朵夫没有发作：也许这个从西伯利亚来的孩子根本就没见过苹果。他压住火气问孩子："你画的是苹果吗？"孩子回答："是苹果。""我看倒有些像梨。""是的，老师，有些像梨的苹果。"米哈朵夫告诉那孩子，苹果是扁扁的，圆圆的，应该用浅黄，再加上一些鲜艳的红色。他的口气非常温和，他希望用老师惯用的说理、感化方法，使尤里卡放弃这个像梨的苹果。但这个孩子压根就没在意他的温和，他告诉老师，在西伯利亚大森林里，一棵苹果树和一棵梨树各自被雷劈去了一半，两棵树紧紧靠在一起，长成了一棵树，上面结的就是这种像梨的苹果。并且，他还吃过这种苹果。他是世界上惟一吃过这种苹果的人，因为这两棵树只结了一个苹果。后来，两棵树慢慢烂掉，都死了。

专注倾听的米哈朵夫从故事的结尾上感到了被嘲弄的味道，他终于忍不住咆哮了："两棵树长成了一棵树，只结了一个果子，然后死掉！好吧！好吧！既然你的苹果死了，那么——"他嚓一下撕掉了那页像梨的苹果，"你就必须乖乖地画我的苹果！"在全班哄堂大笑中，这个从西伯利亚来的土头土脑的小男孩子可怜巴巴地缩在墙角，但他仍执拗地坚持：确实有这种苹果，我吃过这种苹果。

米哈朵夫使出老师们最后的也是最有效的一招，他把尤里卡赶出教室：要么你拿出你所说的那种苹果；要么，你就乖乖地画我的苹果，画出黑板上所有的苹果。否则，你就再不要进教室上课。

如他所料，第二天孩子拿着画满了苹果的作业乖乖地走到他面前。使米哈朵夫吃惊的是，这些苹果比所有学生的苹果都画得好。只是在每一个圆润鲜艳的苹果边都洒满了斑斑点点的泪渍。

如果尤里卡是一个爱说谎的孩子，事情也就这样过去了。但无论米哈朵夫怎样明察暗访，尤里卡从不说谎。米哈朵夫一如既往地上他的图画课，但是那两撇可爱的小胡子似乎是患了感冒，再也不会欢快地抖动了。爱发脾气的米哈朵夫好像是真的病了。他莫名其妙地自言自语，烦躁地跺脚挥手。可是，无论他的手挥得怎样有力，总也赶不走缠在脑袋中的像梨的苹果。无论他是多么不愿意，那些泪渍早已像一块块苦涩的盐斑深深印在他的心上了。

他知道，他必须弄清到底有没有像梨的苹果。他来到护林员家里，但这位昔日的护林员也只是听儿子说过在森林里吃过一个像梨的苹果。护林员没见过这个苹果。

迎着风雪，米哈朵夫一趟趟到邮电所去发信，到处询问有没有梨苹果。一封封信像雪花一样飘走了，一点回音也没有。

米哈朵夫的小胡子越来越白了。每一节图画课都是一次折磨：他不敢看缩在墙角的尤里卡，更害怕同学们对尤里卡的嘲笑，那些尖锐的笑声像锥子似的扎在心上，使他痛苦极了。终于有一天，米哈朵夫跳上了一辆破旧的汽车，风尘仆仆地赶到两千里外的莫斯科。在国家园林科研所里，他把尤里卡的画和这个梨苹果的故事一起交给了米丘林。——听完他的故事，这位伟大的园艺家突然疯子似的跳起来拿出了伏特加酒，为他的故事，为他身上两千里路的尘土，为他的令人尊敬的痛苦一次次干杯，整整碰完了两瓶伏特加："亲爱的米哈朵夫，我的确不知道世界上有没有这种苹果，但我必须感谢你的故事。回答这个问题至少需要三年，也许，三年之后的秋天我会送给你一个像梨的苹果。"

米哈朵夫回到了小学校，开始了漫长的等待。三个秋天过去了，米丘林一点信息也没有。突然有一天，学校的大门被猛地撞开了，一个披着厚厚尘土的人匆匆闯了进来。这正是伟大的米丘林，他的手里握着两个神奇的梨苹果。

教室里静悄悄的，讲桌上放着那两个金黄金黄的梨苹果。庄严的米丘林走上讲台，向同学们讲述了他从米哈朵夫故事中得到的启示，采用嫁接术获得梨苹果的经过。"这是植物界的一场真正的革命，有了嫁接术，我们就有了成千上万种没有见过没有吃过的神奇水果。而开始这场伟大革命的有两个人，一个是图画老师米哈朵夫，一个是 12 岁的学生尤里卡。"像三年前一样，米哈朵夫神气地站在讲台上，一口气画了大大小小十几种苹果："同学们，让我们再画一次苹果。我要说的是，请画出和我不一样的苹果。而尤里卡同学，请务必再画一幅梨苹果。"

尤里卡画好的梨苹果上，再一次洒满了泪渍。不过，那是米哈朵夫老师不小心弄上去的。"亲爱的同学们，你们说，尤里卡这幅梨苹果该得多少分呢？"

"满分！"

"不！不！"米哈朵夫的小胡子快活地抖动着，他拿起笔来，巧妙地把"1"画成了树，把"0"画成了梨苹果。他一口气在"树"上画了七个"梨苹果"。

铅笔的用途

一个人内心的自我谈话决定一个人对自己的看法，还是行动的基础。

纽约市里士满区有所穷人学校，是贝纳特牧师在经济大萧条时期创办的。1983 年，一位名叫普热罗夫的法学博士在做毕业论文时发现，50 年来，该校毕业的学生在纽约警察局的犯罪记录最低。

普热罗夫对此做了长时间的调查研究。从 8 岁的顽童到 80 岁的老人，从贝纳特牧师的亲属到在校的任课教师，总之，凡是在此学习或工作过的人，只要能打听到住址和信箱，他都给他们寄去一份调查表，询问他们："贝纳特学校教会了你什么？"在将近 6 年的时间里，他共收到了 3765 份答卷。在这些答卷中，74% 的人答道：母校让我们明白了"一支铅笔有多少种用途"。

普热罗夫专门走访了调查对象之一，纽约市最大的一家皮货商老板。老板说："是的，当年贝纳特牧师教会了我们'一支铅笔有多少种用途'，我们入学后的第一篇作文就是这个题目。当初，我认为铅笔只有一种用途——那就是写字。后来渐渐知道了，铅笔不仅能用来写字，必要时还可以用作尺子画直线，能作为礼品送人表示友爱，还能当商品出售获利。铅笔的铅芯磨成粉末后可以当作润滑剂，演出时可以充当化妆品。削下的木屑还可以做成装饰画。一支铅笔按比例分成相等的若干份，可以做成一副象棋，可以当作玩具车的轮子。在野外遇险时，铅笔抽掉笔芯还可以当吸管吮吸岩石缝里的水滴。在遇到坏人时，削尖的铅笔可以当作防身的武器……一支铅笔有无数种用途。它让我们这些穷人的孩子明白，有眼睛、鼻子、耳朵、大脑和手脚的人更是有无数种用途，并且任何一种用途都足以使我们活下去。我本人原来是电车司机，后来失业了。现在，你瞧，我是皮货商人。"

普热罗夫后来又采访了一些贝纳特学校的其他毕业生，发现无论当年他们的成绩是好是坏，智商是高是低，如今都有一份职业，都生活得快乐和满足。

贝纳特牧师的高明之处就在于他用朴素、平凡的故事向学生阐述了深刻的做人道理，点燃了学生生活的自信。

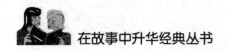

保护自己最重要

保护自己就是使自己受到的伤害能减少到最小。

这是一个近似荒谬但又真实的故事。

一个 13 岁的女孩子到澳大利亚留学，第一节课，她的班主任拿来一盒避孕套，给每个女生发了一只。老师说："建议女孩子随身带一个避孕套。澳大利亚是一个安全的国家，但不等于没有意外。万一碰到强暴，使用避孕套至少有三个作用：第一，你不会怀孕；第二，你不会染上性病、艾滋病；第三，也是最重要的，那就是无论出现什么意外与不幸，请记住，保护自己最重要，生命最重要。"

自此，女孩子每天携带的物品当中，多了一只避孕套。

由一封信想到的

惟一真正的教育是出自儿童所处的社会情景的要求对儿童的力量的激励。

1991 年 11 月 1 日，这是一起震惊世界的惨案发生日。一位名叫卢刚的中国留美学生，在他刚获得爱荷华大学太空物理博士学位的时候，开枪射杀了这所学校的 3 位教授、一位和他同时获得博士学位的中国留学生。这所学校的副校长安·柯莱瑞女士也倒在了血泊中。1991 年 11 月 4 日，爱荷华大学的 28000 名师生全体停课一天，为安·柯莱瑞举行了葬礼。

这一天，安·柯莱瑞的三个兄弟举行了记者招待会，他们以她的名字捐出一笔资金，宣布成立安·柯莱瑞博士国际学生心理学奖学金基金，用以安慰和促进外国学生的心智健康，减少此类悲剧的发生。她的兄弟还在无比悲痛之时，以极大的爱心宣读了一封致卢刚家人的信。信的内容是：

我们经历了突发的剧痛，我们在姐姐一生中最光辉的时刻失去了她。我们深以姐姐为荣，她有很大的影响力，受到每一个接触她的人的尊敬和热爱——她的家庭、邻居，她遍及各国学术界的同事、学生和亲属。

我们一家从很远的地方来到这里，不但和姐姐的众多朋友一同承担悲痛，也一起分享姐姐在世时所留下的美好回忆。当我们在悲伤和回忆中相聚一起的时候，也想到了你们一家人，并为你们祈祷。因为这个周末你们肯定是十分悲痛和震惊的。

安最相信爱和宽恕。我们在你们悲痛时写这封信，为的是要分担你们的悲伤，也盼望你们和我们一起祈祷彼此相爱。在这痛苦的时候，安是会希望我们大家的心都充满同情、宽容和爱的。我们知道，在此时，比我们更感受悲伤的，只有你们一家。请你们理解，我们愿和你们共同承受这悲伤。这样，我们就能一起从中得到安慰和支持。安也会这样希望的。

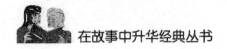

生命教育

教育的目的是应当向人类传送生命的气息。

这是一组关于青少年自杀的个案报道：

2000年2月，云南昆明一初二男生，因上学期成绩未进入班级前三名服农药自杀；

2000年3月，广东顺德市杏坛镇一初三男生，因家长不让玩游戏机上吊自杀；

2000年9月，陕西西安市18岁少女秦某因父母长期不和，她苦劝父母和好，因其父亲执意不肯，跳楼自杀；

2001年3月，浙江宁波市某中专18岁女生戴某因痴迷歌星而上吊自杀；

2002年4月，北京一名初二学生吴某因学习成绩一般，跳楼自杀；

2003年9月，广州市某重点中学两学生自杀；

2003年11月，安徽泗县一名男孩因被老师掴耳光，在委屈和气愤中服农药结束了年仅15岁的生命；

2003年11月，广州梅州市双头中学4名十三四岁的女初中生，因害怕谣言，感觉生活太没意思，集体在宿舍里喝农药自杀；

2004年11月，江苏一名17岁的中学生因不堪老师在课堂上当众羞辱，写完遗书后结束了自己的生命；

2004年11月，呼和浩特一名高一学生因考试成绩总在前十位徘徊，而难以像在初中时那样拔得头筹而跳楼自杀。

呼唤"第六伦"教育

对待自然事物的教育理应成为我们学校道德教育的重要内容，也应该成为整个社会的追求。它完全应该成为我们的"第六伦"教育。

（一）

"让我们和蚯蚓做一个比较。"科学教师罗利对六年级的学生说，"在哪些地方我们和蚯蚓是相似的？"几个学生热切地举起了手，回答道："我们都有心脏。""我们都有肠。""我们都能繁殖。"

接着，罗利老师引导学生讨论人们对这个蠕动的生命的消极反应——人们如何不愿意触摸它们，又如何将它们踩扁在路上。罗利将他的学生引到了这节课的要点上：蚯蚓并不那么坏，实际上，它们远非仅仅是鱼饵，它们对我们的生活环境起着至关重要的作用。正因为蚯蚓能够使土壤保持良好的状态，植物才能得到健康的生长，我们的食物才能有保障。

（二）

德国政府的新法规规定，养猪的农户必须遵守以下一些条例：猪农每天至少花20秒，即早晚各10秒，跟每一头猪相处；每头猪必须接触到光线，冬季时更要提供额外光源，以免它们心情忧郁；给每头猪提供两三个木头玩具或稻草人作为消遣，以防它们生事非打架。

据报道，山东临沂一中的李世良校长以50万元的高价保护了校园里一棵貌不惊人的核桃树：建大楼的时候，建筑方认为这棵核桃树妨碍施工，决定砍掉它，但李校长坚持反对伤害这棵树，他说我们宁愿挪楼也不杀树。他极为严肃地对建筑负责人说："如果你们在施工中伤害了这棵树，那么我要在工程款中扣除50万元作为补偿。"最后这棵树被保留下来了，建筑部门在施工过程中为它搭建了一个坚实的保护栏。一棵树尚且可以骄傲地享受着"人文关怀"，学生成长的精神之翼是不是丰满有力自不言而喻。李校长的这本"生态道德教育教材"比起任何洋洋大观的谈经说道不是更生动、更富实效吗？

她当然在家

德育作为一种合力，只有来自各方面的德育力量方向一致时，合力的效果才是最大的。

她是一个喜欢用奶瓶喝水的女生，用她自己的话讲就是：爱喝，管得着吗！就这样，"爱喝"成了她的外号。

"爱喝"喝不惯学校的水，于是父母就买成箱的矿泉水给她喝。"爱喝"特别爱说谎，每次请假都能编出一个"不俗"的理由——我奶奶去世了，我爷爷要结婚，我大爷和我大妈举行银婚庆典，我姐姐要到国外去度蜜月……所有的红白喜事她都必须参加，不去绝对不行。其实老师心里明白，这孩子网瘾极大，她每次请假，都是"勤奋"地上网去了。

后来老师就不再准许她的口头假，要求必须交上有家长签字的假条才考虑给她假。她轻松愉快地就把有着家长签字的假条搞到手了。老师左看右看，看不出破绽，却有满心狐疑，便打电话给她母亲。她母亲说：她是真的有事啊，老师你就准了她的假吧……有一回，"爱喝"没请假就跑了。班主任老师非常着急，一边派人去找；一边给她家里挂电话。那天接电话的是"爱喝"的父亲。老师说：您女儿没请假就擅自离校了，我担心她又去上网了……不等老师说完，对方有些生气地说：我女儿当然在家！她身体不舒服，刚刚睡下……老师举着话筒，不知说什么好。一扭脸，竟看到两个学生陪着"爱喝"进了办公室的门！老师气得脸色发白，对"爱喝"说："你过来，告诉你爸刚才你去了哪里！""爱喝"接过话筒，蔫蔫地说："老爸，刚才……我去了网吧，老师派两个同学把我找回来了。"

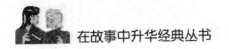

帮"皮孩子"立志

好雨知时节，当春乃发生。随风潜入夜，润物细无声。

先看两个名人小时候的故事：

（一）

沈从文小时候非常喜欢逃学去玩儿。一个夏天的上午，他又逃学了，他的老师毛先生非常生气。下午小从文来上学的时候，毛老师令他在校园里的一棵楠树下罚站。而沈从文那时已经到了刀枪不入的境界了，毫不在乎地来到树下，罚站对他来说已不是什么新鲜的事了……

远远看着小从文，毛老师有些焦急，但听惯了批评之声的沈从文对教训、对批评已经产生了一种天然的抵触之情，怎么办呢？当他看到小从文身边的那株生长正旺盛的楠木树，心里有了一些想法。

下课后，毛老师来到楠木树下，沈从文低着头准备好了等着老师的斥责。但毛老师没了平时严厉的口气，而是变得很平和、很亲切："从文啊，你抬头看看你面前的这株楠木树，你看它的树头，昂首向上，心无旁骛；你看它的枝叶，尽情伸展，就是为了能攫取更多的阳光和雨露啊！它之所以这样，正是渴望自己在未来的岁月里能成为有用之材啊。一棵小树尚且喜欢天天往上长，你作为天地间的一个人，愿意在这棵树面前成为一个懒惰嬉戏、不思进取的矮子和无用之人吗？"

看着眼前这常常面对而立的大树，听着老师很有文采的形容，树的形象开始深深印入小从文的心中。毛老师走后，他抚摸着楠木树，反复打量着它，看着它的强壮高大，渐渐地好像明白了一些什么，他暗自发誓说："楠木树啊，我一定要比你长得快，总有一天我会超过你！"

这株楠木树的形象永远地在沈从文的心灵深处扎下了根，无论他走到哪

里，他都会想到那株少年时代的楠木树。在成为著名作家后，他有一次故地重游，还抚摸着已长得挺拔高大的楠木树，深情地怀念起了可敬可爱的毛老师，还向身边的同学们意味深长地讲了这个让自己终生难忘的故事。

（二）

小时候，达尔文非常贪玩，在校的学习成绩非常差，为此，常常受到父亲的批评："你关心的只是打猎、玩狗、捉老鼠，这样下去你会使你自己以及我们全家蒙受耻辱的。"

然而父亲的责骂，在小达尔文的心灵上似乎并没有留下什么痕迹。

有一天黄昏，父子俩沿着家门前的塞文河漫步，看着一条条在河里穿梭的船只，小达尔文非常入迷。这时父亲走过来充满爱意地拍了拍儿子的肩膀说："孩子，你看，虽然是在这同一条河流里，却只有那些高高持着白帆的大船，才能航行到很远很远的地方，不断地去开拓自己一片又一片的新天地，去创造自己航行史中一次又一次的辉煌。而那些小舟呢？你看它们只能在自家门前的地方捕捉点鱼虾，永远也创造不出什么可值得自己骄傲的历史。做人也是一样啊，你不学习，不上进，不想把自己打造成一艘大船，那你就永远也没有机会到外面去实现你心中伟大理想啊。我的儿子，你是不想一生都做一个只在自己家门前打鱼捉虾一样没出息的小舟的，是吧？"父亲的话，加上眼前生动、壮丽的景象，深深地触动了达尔文的心灵，让他突然感受到了一种从未有过的生命的神圣感和使命感，他感到自己不能再在游乐中虚度岁月了，一定要把自己打造成一艘"巨船"，去远方，去人生的海洋中，实现自己心中的梦想！

从那以后，他感到自己成熟起来了，他把自己过去用于玩乐的精力和兴趣，开始转移到了读书与研究中，按照他自己的话说："我开始像只饿虎一样地投入到了学习之中。"后来，由于他在博物学方面的热情和渊博的知识，被英国皇家海军邀请到"贝格尔"号军舰上作环球航行。这次航行，让他有机会在世界范围内对物种进行了大量而又深入的研究，终于写出了震惊世界的《物种起源》一书，提出了具有划时代意义的进化论……

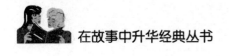

可以为对手喝彩吗?

教的不当比不教还要坏。

下午第二节课,我们跟四(一)班进行足球比赛。

我本想去看看比赛的情况,给学生助助威,可惜,我必须带穆瑶、张秋羿同学下山拍照片,没有看比赛。回来,当我看到同学们的时候,比赛已经结束了。一看情绪就知道,我们班输了。

第三节课,我和同学们聊起了这件事情。同学们群情激奋,恨不得把我班的蒋明山同学给"吃"了。

"老师,我们要开除蒋明山!"史小霖同学首先站起来说。

"为什么?"我感到很纳闷。

"他不是我们班上的同学,四(一)班进球了,蒋明山还喝彩。"

……

大家的情绪很激动,而蒋明山在座位上也正在流眼泪,也许他没想到他这样做是触犯众怒的。不过也是好事,这也让我看到了他的思想中有待改善的一面,今天可是个难得机会。我看看蒋明山,并没有批评他,而是对他说:"蒋明山,你有什么话要对大家说吗?"

蒋明山停了停,才说:"我——我——对不起大家,对不起四(二)班。我——我——一定好好改正,为班集体争荣誉,做一个合格的小学生。请——大家监督我。"蒋明山一边哭,一边说。

"同学们,蒋明山已经认错了,他也后悔了。我们该怎么做呢?"

停了一会儿,学生陆陆续续地举起手来。张向颖首先举手说:"我们应该给蒋明山一个机会,我们相信他一定会改好的。"

"蒋明山,你有决心吗?你能改正吗?"

"能,我能!"蒋明山认真地点了点头说。

"好,我们上课。"

那一节课上得特别好。

我为你骄傲！

尽可能少犯错误，这是人的准则；不犯错误，那是天使的梦想。尘世上的一切都是免不了错误的。

一位年近古稀的美国老教师曾经动情地讲诉他 12 岁当报童时的一件小事：

一日午后，我和一个小伙伴躲在一位老夫人的后院，朝她的房顶扔石头，看着小石头子弹一样射出又彗星般滚落，觉得非常有趣。当我再次掷出一枚卵石时，也许太滑，砸到后廊的窗户上，未等听到清脆的玻璃破碎声，我们已兔子似的逃走了。

这天晚上，我很担心会被她抓住，可很多天过去了，一点动静都没有。当我跟往常一样每天为她送报时，她依然微笑着和我打招呼。虽然我确信已经没事了，但仍觉得很不自在，良心使我产生一种深深的负罪感，于是我决定把送报的钱积攒下来赔偿给她。

三个星期后，我把赚来的 7 美元和一张便函条一起装入信封。我在便条里解释了事情的来龙去脉，表示很抱歉打破了她家的玻璃，希望能用这些钱抵补她修理窗户的开销。直等到天黑，我才鬼鬼祟祟地将信封投进她家的信箱。这时，我的灵魂感到一种赎罪后的解脱，觉得能够正视老夫人的眼睛了。

第二天，送报到老夫人家时，我又能坦然面对她给予的亲切温和的微笑，并且也能回赠她一张笑脸了。她先谢过了我送的报纸，然后说："我有点东西给你。"是一袋饼干。我边吃着饼干边开心地继续送报，突然，我发现袋子里有一个信封，取出来打开一看，我惊呆了。里面是 7 美元和一张便笺，上面写着："我为你骄傲！"

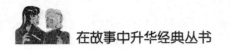

老师，我会飞的！

"上帝给谁的都不会太多，当然也不会太少"。做老师的就是要善于发现学生身上的闪光点，让他们的优点发出更灿烂的光芒，让他们的个性发展得更充分。

我的书橱里珍藏着一盒栩栩如生的蝴蝶标本：左边的这只两翼合拢停在一根枯枝上，酷似一片枯叶；右边的那只双翅展开，七彩斑斓。想不到这竟是同一种蝴蝶，叫"枯叶蝶"。这是我的一个学生送给我的，其中还包含着一段发人深思的故事呢！

几年前我带的班上有一个学生，不但成绩拉全班的后腿，还经常惹"乱子"，在我的眼中简直是一无是处。一次，生物老师吸收他为兴趣小组成员，来征求我的意见，鉴于他的表现我没有同意。这个学生就来求我，我提出"约法三章"，想借此契机促他转变。他后来确实好了一阵子，但没过多久又故态复萌。一个星期天，生物老师要带他们到天童森林园捕蝴蝶制作标本，他兴致勃勃地准备着，竟在上语文课的时候也做起捕蝶网来。下课后我把他叫来，拿出他的保证书，宣布取消他这次活动的资格。他难过得流下泪来，却不肯认错，倔强地一拧头走了。

不久，学校举办"第二课堂"成果展览，我们班的蝴蝶标本深得好评，还得了奖。特别是那些用废弃的泡沫塑料和边角即时贴彩纸做成的标本盒，简直是化腐朽为神奇，与五彩缤纷的蝴蝶相得益彰。我问是谁做的，没想到竟是出自那个曾被我看作"不可教也"的孺子！同学们告诉我，那天他没能去捕蝶，感到对不起大家，于是在家里做了十多个标本盒拿到组里，跟大家一起精心设计制成了这些漂亮的标本。后来我在班会上，称赞他的责任感、集体荣誉感，特别表扬他心灵手巧，敢于创新，值得大家学习。说来也奇怪，从此以后他像变了个人似的，上课专心了，作业认真了，纪律也能遵守了，进步很快。他还参加了发明兴趣小组，有几项创意很独特，指导老师认为，

经过进一步完善，还有希望申报专利呢。后来，他要随父母转到外地去上学了。临行前，他特意送给我这个"枯叶蝶"标本，还在盒子上写了一行字："感谢老师终于发现我并不是一片枯叶，当我展开双翅时也会发出光彩——老师，我会飞的！"我接过这份不寻常的礼物，思想如潮，久久不能平静……

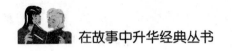

老师，别拿承诺作秀

教师的失信不仅失去的是学生的信任、自己的威信，更重要的失去的是学生对诚信的信仰。

（一）

《分数的初步认识》这堂课开始的时候，所有同学的目光都聚焦在讲桌上的那个蒙着布的大盒子上。老师慢慢撤去了盒子上的布——"生日蛋糕"！有的同学禁不住喊了起来。"这是老师为大家订做的蛋糕，待会儿老师会分给大家吃。"老师的语调不紧不慢，但同学们却激动不已，有的忍不住舔了舔自己的嘴唇。老师把蛋糕从中间分成了两半，问道："同学们，老师是怎么分的？一半可以用整数来表示吗？你能不能创造一个表示半个的符号？"

同学们的想像力确实丰富，各种表示方法异彩纷呈。在同学们充分体验的基础上，老师适时引进了"1/2"这个分数。而后，教师通过把蛋糕平均分成4份、8份、16份，引导学生认识了1/4、1/8、1/16等分数。同学们学得有滋有味，意犹未尽。下课的铃声响了，老师把切开的蛋糕重新装进了蛋糕盒，然后端着它走出了教室……

（二）

这是五年级（1）班的一堂数学综合应用课——《制定郊游计划》。上课伊始，老师满面春风地走上讲台，兴冲冲地对同学们说："老师打算本周六和同学们一块儿到紫铜山去郊游，大家愿意吗？""愿意！"齐刷刷的声音里跳跃

着兴奋与激动，每个学生如老师那般脸上春风荡漾。"要想玩得痛快、玩得好，必须事先做好计划。今天咱们就共同制定出星期六到紫铜山的郊游计划。"老师顺手板书了课题。接下来，同学们在老师的精心导引下，对租什么样的车、带什么样的物品、乘车的路线、购买紫铜山风景区的游览门票、风景区内几个景点的游览顺序等问题一一作了规划和设计，最终形成了《五年级（1）班本周六到紫铜山的郊游计划》，整堂课紧紧围绕制定郊游计划这个中心事件，融数学知识于解决问题的过程中，不但使学生巩固了学过的知识，而且发展了学生解决问题的能力，培养了学生的应用意识和创新能力。

但星期六到了，天气风和日丽，正适合出游。五年级（1）班的同学们，并没有去紫铜山郊游……

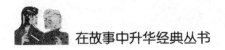

白纸与黑点

　　一位教书匠也许只会用限制的手段去控制学生，而一位教育能手是让学生感悟做人的道理，通过学生的"内化"而变成自觉的行动，从而起到春风化雨之效。

　　在第二次海湾战争即将开战的前两天，联合国秘书长安南先生只身前往伊拉克首都巴格达，最终调停成功，避免了第二次海湾战争的爆发。记者围住了安南先生。

　　"秘书长先生，是什么力量支撑着您只身前往巴格达的？""安南先生，是什么让您在其他人都认为这场战争不可避免之时，看到了避免战争的希望？"……

　　安南先生回答说："你的提问让我想起了我中学时代的一堂课。"安南先生面对记者困惑的表情，平静地讲述着让他受益终身的那堂课：

　　在非洲加纳的库马西寄宿学校，一位老师走进了教室。他先拿出一张画有一个黑点的折纸，问他的学生："孩子们，你们看到了什么？"

　　学生们盯住黑点，拖着长音异口同声地喊道："一个黑点！"老师非常沮丧，严肃地教训学生说："难道你们谁也没有看到这张白纸吗？眼光集中在黑点上，黑点会越来越大。生活中你们可不要这样啊！"教室里鸦雀无声。老师又拿出一张墨纸，中间有一个白点。他问他的学生："孩子们，你们又看到了什么？"学生们齐声回答："一个白点。"老师高兴地笑了："孩子们，太好了。无限未来在等着你们。"

　　老师告诉安南说："做人要善于发现他人的优点，看问题的眼光要与众不同，别人看到的是黑点，你应该看到白纸。"安南先生谨记老师的教导，总是以与众不同的眼光看人生、看世界。安南先生最后深情地回答记者说："是中学老师的那堂课让我坚定了前往巴格达的决心。"

一堂人生游戏课

经验往往只意味着一种经历，而体验则注重作为主体的人的亲身经历，尤其是关注经历之后能够让人有所回味。

初一思想政治课进行到一定阶段，我设计了这样一节活动课：打开电脑，大屏幕上显示出了"16 种受人欢迎的品行"：正直、礼貌、诚实、守信、孝敬、宽容、节约、进取、合作、敬业、守时、慷慨、坦率、责任感、独立性、平等待人。"14 种不能容忍的不良品行"：欺骗、浪费、自私、依赖、吝啬、霸道、懒惰、迷信、不守时、不负责任、歧视妇女、欺软怕硬、虐待动物、歧视他人。我让学生把这 30 种品行端端正正地抄写在作业本上。

"同学们，这节政治课我们来做一个人生游戏。"一听说做游戏，同学们脸上露出了兴奋的表情。

游戏之一是：让学生从 16 种优秀品行中选择 3 种抛弃掉，时间为 3 分钟。我告诫学生说："你抛弃掉的这 3 种品行将永远离你而去，永远不会再回到你的身上，同学们可要慎重选择。"

几乎所有同学的脸上都显出郑重的神色。有些同学犹豫再三，划去了又觉舍不得，重新用橡皮擦掉，再另行选择。我眼前的王朋同学划掉了"慷慨"，重又改了回来。我问他为什么要改掉，他说："没有了慷慨，我不就是个小气鬼、吝啬鬼了吗？同学们会嘲笑我的。"3 分钟时间到了，有些同学还没有完成这看似简单的作业，在老师的催促下，很勉强地划掉了 3 种。然后，我又告诉学生说："在剩下的 13 种优秀品行中，你必须再选择 4 种抛弃掉。"游戏进行到这里，下面已是一片埋怨之声。我注意到，即使是平日很调皮、大大咧咧、上进心不太强的同学，脸上也是一片凝重之色，很严肃、很认真地斟酌、选择，就好像一笔下去这种优秀的品行真的会一去不复返似的，显得是那么留恋、舍不得、难以决断。然后我又要求学生在剩下的 9 种品行中再舍弃掉 3 种，最终只保留 6 种自己认为最珍贵的品行。随着游戏的进行，

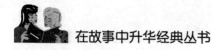

同学们选择的难度也越来越大，不少同学，划掉了又改回来，反复掂量，试图从剩下的品行中能找出相对次要一点的划掉，但结果往往是都感到弥足珍贵，不愿舍弃。

第一阶段的游戏时间到了。在老师的一再催促下，有些没完成的同学，胡乱划去了几个，算是完成了任务。

游戏之二是要求学生在 14 种不良品行中，依次选择 3 种、2 种不良品行。我一再提示学生："同学们，你所选择的这些不良品行，将终生伴随着你。你一旦做出了选择，就意味着，你将成为一个那样的人，同学们可要认真对待。"

舍弃困难，择取也不轻松。面对着 14 种不良品行，每一个同学都不愿在任何一项上轻易划上对号，有不少同学把自己的本子遮了起来，不愿让同学看到自己首先选择了什么……

游戏终于结束了，同学们都长长地舒了一口气；然后我要求学生就本次活动写一点感悟体会，在班上交流。

朱晓丽同学写道："游戏开始了。我一遍遍反复地读着这 30 种品行，妄图从这 16 种好的品行中找几个低贱点的、不那么可贵的然后弃它们而去；从 14 种不能容忍的品行当中找几个罪恶小一点的然后加以选择，可惜，我找不到一个。最后，我不得不闭上眼睛忍痛割爱，才算完成了任务。"

王洪伟同学写道："虽说这只是一个小游戏，但却让我感悟到了世人总在拥有时不加珍惜，失去时才倍感它的可贵。正如健康的人总是不认为自己在幸福中，而在疾病缠身时才认识到健康的珍贵。这个游戏让我懂得了珍惜，懂得了拥有的可贵。我们一定要很好地珍惜今天，把握住明天，不要在失去时才蓦然回首，空留下许多后悔、嗟叹、无奈。"

吴洪波同学写道："在做这个游戏时，我很严肃地划着。当我把笔停留在每一个优秀品行上时，我都很犹豫，都不舍得划去，因为我不知道我失去这些品行后会变成一个什么样的人。此时，我才真正感受到过去拥有这些品行并不在乎，而真要割舍掉这些品行，却是难舍难分了，因为我现在切身感受到了这些品行的重要性。当老师让我们必须选择若干个我们必须拥有的坏品行时，我更是无从下手了。这时我更觉得自己不能拥有它们，不能成为那样的人。这个活动会时刻提醒着我，要做一个品行优秀的人。"

苏霍姆林斯基与鸡蛋的故事

　　自立能力之所以被称为众多能力之首，主要是因为自立是人的成长过程中最重要的环节，是人其他能力衍生的最重要基础。

　　一位年轻母亲向苏联教育家苏霍姆林斯基请教，"怎样才能教育好我的孩子？"苏氏回答说："先教会你的孩子剥鸡蛋壳吧！"

　　这件发生在苏联的教育经典故事，在几十年后的中国又找到了原型：北京某小学一位四年级的孩子，每天上学母亲总给他一个剥好了的熟鸡蛋放在书包里的饭盒中，以便在课间给孩子充饥。有一天，孩子看到了一个"奇怪的现象"——这鸡蛋怎么有坚硬的外壳呢，而且一点缝都没有？无奈之下，孩子只好将鸡蛋带回家中交给了母亲。也许这位母亲还在后悔那天怎么会忘记剥掉鸡蛋壳哩，可她不知道自己不仅是在剥夺孩子剥鸡蛋壳的权利，而且是在剥夺孩子的独立生存权利。

　　再看一个报纸上刊登的真实故事：一位中国母亲，不顾危险突然横穿过繁忙的街道，将快要走入校门的孩子手中已吃完上半部分的油条往上移动一下，生怕孩子吃完上半部分油条后不懂得吃下半部分。这一情景让偶然看见的记者深感惊讶。

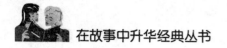

老师的手

教育者对儿童单向的爱而没有形成儿童的反馈式的爱，这种爱是片面的，也是危险的，只能导致儿童忽视对他人的爱的责任，使儿童变得冷酷无情。

感恩节那天，报纸刊登了一则故事：有位小学一年级的老师叫班上小朋友画出他们感恩节的东西。这些小孩多半来自贫苦家庭，所以她料想他们多半会画桌丰富的感恩节佳肴，外加一只香喷喷的火鸡。但看到道格拉斯的作品后，她惊讶不已，上面画了一只手！

这是谁的手？班上的小朋友都兴致勃勃地开始臆测，"这一定是赐给我们食物的上帝的手。"一个小孩说道。"是农夫，他用这手养出大鸡。"另一个小孩也有意见。在一阵猜测后，小朋友们又跑回座位继续画画。这时老师走到道格拉斯身旁，弯下腰问他那是谁的手。"那是你的手，老师。"他怯怯地回答。

道格拉斯个头矮小，样子也不讨人喜欢，但老师在下课时总会过去牵牵他的手。她常这样握孩童的手，但对道格拉斯而言，意义格外重大。也许过感恩节的真义并不在于收受他人给予我们的有形物质，而是借此机会回馈他人，即便是极其微小的付出。

生命不可承受之重

实际上，每个人都知道自己是一个奇妙的存在，在人世上的机会只有一回，而且不会有什么特别的机缘，会把他像现有的这个异常复杂的统一体再照样地组合一次了。所以拼命地去感受生命，实现你自己！

2004年6月15日，东北林业大学工程技术学院学生付新彬跳楼自杀。这一天，距离他毕业离校仅剩17天。

付新彬家境贫困，4年共拖欠学校上万元学费，临近毕业却没有找到工作，付新彬的老师和同学分析，是贫困和就业的双重压力使他走上了轻生之路。

几天来，付新彬的自杀在东北林业大学师生中产生的反响相当强烈。两位女同学告诉记者："15日早晨我们就听说有个大四的学生跳楼了。17日7时左右，一阵阵揪心的哭喊声把我们从睡梦中惊醒。我们看见一位农民模样的人跪在公寓前的球场上哭喊：'我的儿，回来啊！'一个女孩也边哭边喊：'我什么都不要，只要我哥！'这两个人就是付新彬的父亲和妹妹。听着死者亲人的哭喊，我们心里都不好受。"

付新彬是黑龙江省嫩江县前进镇前进村人，父母都是不识字的农民，弟弟妹妹很早就辍学在家，全家把希望都寄托在他一个人身上。

为了供付新彬上学，父母每个学期给他3000元生活费，这对一个农民家庭来说是相当不容易的。据他的老师介绍，付新彬4年仅向学校交了8000多元学费，还欠上万元。而他的父亲说，那8000多元很大一部分还是花3分利借来的。

在父亲眼里，付新彬是个好孩子，也是他们家中最有出息的人。付新彬一直是父母的骄傲和希望，他们一直认为，大学毕业的付新彬一定能让家里过上好日子，他的自杀几乎让家人崩溃。

记者在和付新彬的同学交谈中了解到，他在大一时还担任学院学生会干部，大二时主动辞职了，性格也变得越来越内向，从不和同学主动交流，班干部找他谈话，他也刻意回避，学习成绩也滑到班级后几名。

记者在采访中感到，付新彬4年大学中一直承受着巨大的心理压力，他也为自己寻找到了一个舒缓压力的办法，就是大量地看武侠和魔幻小说，但一时的解脱并没有真正使他轻松。

付新彬的同学讲，他对学习专业课兴趣不是很大，虽然从不逃课，可节节课带武侠、魔幻小说进课堂，经常是看着看着笑出声来；晚上寝室熄灯后，他就带着小说到走廊看；有时甚至去网吧包宿上网看这类小说；每到周六、周日付新彬还会背个书包到校外去租书。老师在他死后发现他有几十本这样的小说。

付新彬的同学陈淑新说："付新彬作为贫困生，4年来他承受的压力可能更大一些，所以才看那么多武侠魔幻小说是来缓解这种压力。但这种方式却让他对现实越来越不关心，整日沉醉于武侠魔幻世界当中。"

陈淑新说，付新彬对找工作不是很主动，"他从不参加招聘会，连老师给他推荐工作他也拒绝了。"老师要求同学为毕业设计做一个幻灯片，还为此事专门找过他，可直到临死前，他都没有做这个幻灯片。

付新彬的自杀，在一些高校大学生中产生了很大的震动，付新彬生前面临的问题在当代大学生中具有一定的代表性，很多学生也都向记者反思自己在大学生活中所要承受的各种压力。采访中，很多同学告诉记者，4年的大学生活会使很多压力沉积到他们心里，到大四时，这些压力会伴随毕业更突出地演化成一些过激行为，有的同学甚至采取从楼上寝室往下扔暖瓶、砸桌椅等行为进行宣泄。可是付新彬究竟承受着什么样的压力，足以重到舍弃自己挚爱的亲人、放弃自己宝贵的生命呢？

日本小学的德育课

德育是丰富多彩的、鲜活的，而非单一的灌输或道理的宣讲。

前不久，在东京中野区江古田小学，笔者有机会听了一堂三年级的道德教育课。授课教师是该班的班主任，有着23年教龄的村冈节子老师。

上课铃声一响，村冈老师面带微笑走进教室，向学生们讲起了一个小故事：一位名叫正子的小朋友收到一位同学的来信，非常高兴，可邮递员告诉她，信上的邮票不合适，对方少付了80元，需要她来补上。正子补了钱之后不知道该不该把这事告诉寄信的同学。她去问哥哥，哥哥说，应当告诉他少付了邮费，但不必告诉他钱数，让他以后注意就是了；正子又去问妈妈，妈妈说，不要把这事告诉同学，以免伤了他的自尊心。那么，正子到底该怎么办？于是，村冈老师的问题出来了："同学们，如果你是正子，你会怎么做呢？"她在黑板上写了四种意见：A是正子哥哥的意见，告诉寄信的同学，但不告诉他钱数；B是正子妈妈的意见，不把这事告诉同学；C是不仅告诉那位同学少付了邮费，而且告诉他钱数；D是犹豫不决。村冈老师让学生们在这四种意见中选择，于是，学生们纷纷跑上讲台，把写有自己名字的小卡片贴在黑板上。结果，全班27位学生中，选择A、B、C、D的分别有4人、1人、15人和7人。

接下来，村冈老师开始向学生提问：你为什么会这么做。一位选择C的学生说："如果我是正子，我就会告诉那位同学，寄这种信与普通信不同，是需要加钱的，不过这次应加的80元邮费由我来付，你以后注意就是了。"另一位选择"犹豫不决"的学生说："我觉得应当告诉寄信的同学，但不知道这80元邮费是不是让他来付，所以犹豫不决。"

一番讨论之后，村冈老师让学生们第二次表态。学生们又一次跑上讲台，在黑板上重新贴自己的名字。有趣的是，这次"犹豫不决"的反倒比第一次多了7人，竟有14人；而这次选A的只有2人，选B的有2人，选C的减少为9人。村冈老师再次提问。一位原来选 C 现在却又变得"犹豫不决"的学生说："我决定写信告诉那位同学，可我不知道该怎样把钱数告诉他，如果写在信的开头，那他一看到我的信就会伤心，如果放在最后，他看完信会更伤心，所以我犹豫不决。"一直选 B 坚持不告诉寄信同学的学生说："我认为不能告诉他，这样他会很伤心，我不想让好朋友不开心。"可不同意这一观点的学生都说："因为是知心朋友，那位同学会理解的，应当告诉他……"

村冈老师接着问大家："在平常生活中，你们遇到过这类麻烦事吗？"许多学生摇头。"我却遇到过……"村冈老师现身说法，娓娓讲起了她在中学时经历的一件类似的事儿，"当时和正子一样，我也不知道该怎么办，可是现在我知道了。"听完老师讲述的亲身经历，许多学生的脸上露出了可爱的笑容。临下课时，村冈老师对学生们说："今天的课讲的是如何处理友情与信赖的关系，是我们生活中常常遇到的问题，希望大家动脑筋思考……"话音刚落，下课的铃声响了。

抓 小 偷

　　只有我们的社会把"见义智为"取代传统的"见义勇为"大加宣扬时，才算是对人的真正理性的关怀。

　　这天下午，我正在实验室里做实验。有一个男的，从实验室的门进来，拐到我们办公室的门口向里张望，很快又出去了。因为接近期末考试，常有学生来找助教问问题，所以我也没有介意。过了两三分钟，他又回来了，并进入我们的办公室。我尾随过去，见他正在掏我同事挂在衣架上的大衣的口袋，便大喝一声："你在干什么？"他转过身一言不发就往外冲。我就堵住办公室的门，他则使劲往外挤，我突然一松手，他打了一个跟跄，我顺势猛冲上去，从后面用手臂卡住了他的脖颈。这时，隔壁实验室的一个中国男生也过来帮忙。挣扎中，小偷突然拿一个什么东西在自己脑门上猛地划了一下，血流出来了。他说："你们伤了我，快让我走。"

　　这时，围观的人也越来越多，有人打"911"报了警。警察稍问了一下情况，就让其中一个警察看住小偷，叫救护车送他上医院检查，并让我写一份说明，描述事情经过，同时告诉我，这个人有点醉了，以前曾和警察打过交道，可能会被关上一阵子。警察还特地提醒我说，以后碰到有人在偷、在抢，只管记住其相貌特征，打电话报警，不要去抓，以免伤着自己。我这才明白，为什么抓小偷时，动手帮我的只有中国学生，这与我们在国内小学、中学乃至大学受到的教育是多么的不同啊！当时我真有种"吃力不讨好"的感觉。

　　可事后，还是有在场的美国学生对我的同事说，那是他一生中最激动的一天，亲眼见到有人敢抓小偷，真棒！

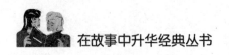

数学课上的思想教育

（一）

一位教师在教授一年级数学课程标准实验教材中"8 的分合"时，提出了这样一个问题："如果你有 8 个苹果，在母亲节的时候，你准备怎样分这 8 个苹果呢？"

生 1："母亲节到了，我准备把这 8 个苹果，给妈妈 4 个，我留 4 个。"

"你为什么这样分呢？"教师问。

生 1："我 4 个苹果，妈妈 4 个，一样多，这样谁也不吃亏。"

教师未作任何评价。

生 2："母亲节到了，我给妈妈 5 个苹果，我留 3 个。"

"你为什么这样分呢？"教师微笑地又问。

生 2："妈妈这么辛苦，在母亲节里应该多给她一些。"

"你真是一个孝敬父母的好孩子！"教师热情地表扬了他。

其他学生纷纷举手回答，要把 8 个苹果分成 6 和 2，分成 7 和 1 等，都说在母亲节应该多给妈妈一些，教师都一一赞扬了他们。

这时，生 3 举手回答："我把 8 个苹果分成 8 个和 0 个，8 个苹果全都给妈妈吃。"

这位教师满面笑容地问："你又为什么这样分呢？"

"我一点儿都不喜欢吃苹果，所以我都给妈妈吃。"

教师脸上的微笑霎时凝固起来，吃惊地说："你把不喜欢吃的东西才送给妈妈，你的思想有问题呀！"

（二）

一位教师在教圆周长的计算时，在学生探究出圆周率后，这位教师认为此处应该"渗透"爱国主义教育，于是在介绍了圆周率研究的相关历史材料的基础上，这样提问："大家想对数学家祖冲之说些什么呢？"

学生们群情激奋。

生1：我想说：祖冲之你真伟大！

生2：我想说：自豪！

生3：祖冲之有勤奋严谨的钻研精神，祖冲之我佩服您。

学生们本以为至此就结束了，谁知这位教师继续借题发挥："那么，我们以后应该怎样做呢？"

孩子们很聪明，在教师的指引鼓励下，个个说出一番"豪言壮语"。不过，十多分钟的课堂教学时间也就这样过去了。

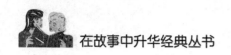

何必赤裸裸地拷问心灵

高境界的教育应该是无痕的，是渗透性的，是润物无声的。

"小朋友，小猫起先为什么钓不到鱼啊？"分析课文时，年轻的语文老师用充满天真的语调问大家。

很快，几个小朋友就开始嚷嚷："因为小猫三心二意，所以钓不到鱼。"

"对！小朋友说得很好。就是因为小猫三心二意，才钓不到鱼。那么，小猫是怎么三心二意的呢？请小朋友来说说。"

一个小朋友说："一只蜻蜓飞来了，小猫看见了，放下钓鱼竿，就去捉蜻蜓。"

一个小朋友说："一只蝴蝶飞来了，小猫看见了，放下钓鱼竿，又去捉蝴蝶。"

"是啊，小猫这样三心二意，还能钓到鱼吗？做任何事情，都不能三心二意，对不对？小朋友，你们平时在学习和劳动时，有三心二意的事吗？要不要改正？"

小朋友们开始想，有的歪着脑袋，有的托着两腮。不一会儿，一个小朋友站起来说道："老师，有一回，我正在家里做数学作业时，我家的小狗欢欢在我的脚边转，我就放下笔，和它玩，后来作业也来不及做了。我以后一定要改正。"

又一个男孩子站起来说："有一次，妈妈在煎鱼，要我快点到小店里去买酱油。回来的路上，看到两部车撞在一起了，很多人围着，我也看了起来。结果，妈妈骂我太慢，她的鱼都煎糊了。我也是三心二意，以后要改正。"

许多小朋友的手，还高高地举着，老师说："你们看，三心二意多不好啊！以后我们一定要一心一意。"

这是小学一年级语文课上的一个片段。接下来再看五年级的一节语文课。讲的是《委屈》，课文的主要内容是：父亲买来几个西瓜，阳阳悄悄地在瓜上扎了个倒三角，检查瓜的好坏。吃瓜时，阳阳挑选了最大的，但又是最差的那一个。爸爸妈妈以为阳阳不懂事，只知道挑最大的。其实，他是为了孝敬，自己吃那块被扎了倒三角的西瓜。理清课文的基本情节后，老师说："阳阳宁可自己受委屈，也要吃最差的西瓜，这种孝敬长辈的品质，值得我们学习。同学们，对照阳阳，你觉得你在哪些方面还做得不够?"

五年级的学生，毕竟不同于一年级，有几个似乎不假思索地说：

"老师，吃西瓜的时候，我总是挑最好的。以后要向阳阳学习，把最好的让给大人。"

"嗯，吃鱼的时候，妈妈把最好的夹给我，我从来不推让。以后，我不要妈妈夹了，我先吃鱼头，像阳阳那样，孝敬父母。"

类似的话还说了一些，事情虽不一样，但意思一样，都是忏悔自己的不孝不敬。

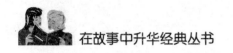

长 恨 歌

　　春城的春天下着雨，有着一丝凄寒的风，我望着生锈的铁窗，我想起了我可怜的父母。为了供子女读书，他二老起早摸黑在田里干活，还点着蜡烛为人烫衣服，5毛钱一件，那次我母亲掉了一百块钱，她心疼地说那是烫了两百件衣服赚来的钱呀！我看着母亲伤心的样子，就把自己做苦力赚来的一百块钱丢到地上，对母亲说："妈妈你的一百块钱在这里！"妈妈露出了一丝苦笑，其实妈妈知道是我丢的。

　　我不怕一个人独自吃苦，我不忍心父母看到我吃苦，读大学几年我没问家里要一分钱，我总希望父母不要为我操劳。他们年纪大了，辛苦了一辈子，怎么忍心增添他们的负担呢？但学费是高昂的，我必须自己去卖苦力，耽误学习也是没办法的事情。

　　我一个人默默地做苦工，我一个人一天只吃两个馒头，冬天其实我更怕冷，因为我是南方人，但是为了节省洗热水澡的几块钱，我整个冬天坚持洗冷水澡，我冷的直打哆嗦，却微笑着对同学说："我们年轻人需要锻炼身体。"那天我没鞋子穿，不好意思去上课，直到学校发了点救济，我才买了双便宜的拖鞋走进了课堂。

　　我家一直很穷苦，我在穷苦中长大，我从小就体味到家庭的艰辛。幼小的我便心疼父母的辛苦，只想通过小手减轻父母一点点负担，我说："爸妈你们辛苦了，我做好了饭，你们快吃吧！"我一直努力读书，村里的邻居以及中学老师，都知道我是个吃苦好学、斯文老实的学生，我中学拿过全国奥林匹克物理大赛二等奖。我上了高中因受过歧视而闷闷不乐，可是在接近高考的那几个月，我顶住各方面的压力奋发苦读。就这样我考出了优异的成绩，我的高考成绩超过我们广西省当年重点线50多分，完全可以上武汉大学、哈工大之类的名校，可是我考虑到那离家远费用大，所以选择地域靠近并且消费水平比较低的云南大学。

　　我满怀希望，怀揣着一个农家孩子对未来的梦想来到了云南大学。当我看到毛主席书写的四个大字——"云南大学"时，我的心激起一阵涟漪。我立志一定好好继续努力，学好专业知识，好好报答父母。也好好用自己的知识来为国家努力工作，认真做个受人尊重的人，做个对社会有贡献的人。

　　进入大学以后我怎么发现有一部分人不爱读书，有的同学则大胆的找起女朋友来。大家都爱玩电脑游戏，他们都嘲笑我是个土包子，这个不会那个也不会。于是我为了和同学搞好关系，也学会了玩电脑游戏，并且由于我的天生智商还可以，玩游戏比他们更厉害。我以后更热衷于玩电脑了，我还自己用打工的钱以及借了部分钱买了台旧电脑。我很大方，我的电脑同学们随时都可以玩，我很希望和同学们和睦相处。

　　时间很快，大学过了两年。我暑假寒假基本都不回家而是在昆明做苦工赚钱。我还慰藉父母：爸爸妈妈我在云大过得很好，老师还经常约我到他们家去做客呢！其实我每次说这样的话心里都是虚的，我有时候没钱就打一份饭吃上两天。经常一天吃两个馒头就过去了，我从不怕苦也不怨恨谁，我更没因为没钱而想到去偷去抢。我很坚强，我为自己骄傲，我对得起父母，我对得起自己，我对得起同学，我对得起社会。可是总有那么些同学总有意无意的歧视我，有时候说些话无意中会伤我的心。

　　我一直悄悄地打工，我不想被人家看成异类。好在我自以为有几个好老乡、好同学，这样我才能不去理会那些同学的歧视与人格蔑视。大学很多男生都在大胆地追求自己喜欢的女孩子，很多同学都谈恋爱了。我在这种氛围下加上几个同学的怂恿，也大胆的写了一封情书交给了我暗恋许久的一个女孩子。由于我的模样不好看、又没钱，人显得很土气内向，那女生毫不留情的当着许多人的面，把我那封用真心写的情书撕个粉碎。我只是内心痛苦了一下并没有怨恨谁，我只觉得自己确实条件不行配不上她。我对父母也是这么说的，我有自知之明，我不谈恋爱。况且大学生应该以学业为重。

　　时间过得很快，只剩一个学期就毕业了。最后一个寒假我依旧没有回家，依旧在昆明打工。离开学还有几天，同学提前回到学校，可能都是为了找工作所以提前回学校。我很开心，因为整个寒假我一个人多么孤寂。我不怕吃苦，但是人是很怕寂寞的。当我看到同学们时我很热情，他们为了打发时间约我打牌，我很乐意地接受了。我们原来也经常玩牌的，其实无须掩饰，我

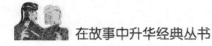

智商真的比较高，所以打牌经常赢。几个同学都怀疑我作弊，我坚持说没有。谁知道那三个我自以为平时没有歧视过我的同学，以为一直平等对我的同学，竟然恶语伤我，蹂躏我的人格，还揭露了我以前的许多伤疤，包括那女生撕毁我情书的事情，什么苦楚什么贫苦什么艰辛的生活，我可以忍受；其他人歧视蔑视我，我也可以忍受；可是我这几个平时稍微好点的同学竟然这样残酷无情地践踏、蹂躏我的人格尊严，原来每个人长期以来一直这样凶悍地歧视我，残忍地嘲笑我。

我的心很痛，我的泪悄悄地落下。我是一个坚强的人，我不曾被艰辛贫苦生活打败，可是当我的人格尊严被人糟蹋得不成样子的时候，当我的过去的伤痛被人再次拿出来嘲讽的时候，我的心滴血了。践踏我的人竟然还是平时关系稍微好点的同学以及老乡。我在这种环境中再也难以立足了，是他们残忍地对我，是他们不给我活路，他们淋漓尽致地侮辱完我后，居然还那样嚣张与快乐。

我伤痛的心找不到归处，总浮现出他们侮辱我的情景。我没有退路，我决定和他们同归于尽，给那些歧视穷苦人、蔑视穷苦人的人一个教训；给那些无情践踏、残忍蹂躏穷苦人尊严的人一个教训。

我本来习惯被人歧视、被人蔑视的，可是这次他们表现得实在是太过分了，他们嘲讽时刻的无情、他们侮辱时刻的可恶面孔，让我下定了决心。

终于我买了一把石锤，结束了他们几个人的生命。于是我逃跑，想到一个没有歧视侮辱的地方重新做人。万一抓到就一死而已，我是不怕死的，我只想被判死刑。

许多人现在都说我是杀人恶魔，都说我杀红了眼，其实说心里话，我只想杀那些无情蹂躏糟蹋别人人格的人，我并不想伤及无辜。当我另一个同学来找我的时候，我并没有杀他，因为在我最穷困的时候并没有歧视我，反而打饭给我吃。我深刻懂得人间真情的可贵，我曾对自己说：滴水之恩，涌泉相报！我一定会报答这位同学。可是我现在留下了一个永远的遗憾，我没有机会报答这位同学了，但我最后想送一句话给我那位同学，好人自有好报！

我听到飘进来的歌声了，好像是梦驼铃，多么熟悉的旋律呀。我想起了经常帮助我家的十四叔、十四婶了，我们家虽然很穷，但是大家都互相关怀、大家都感到很快乐。没有歧视与蔑视，从来不知道什么是人格践踏，我很想

像陶渊明那样永远生活在我那个村子里。天天看着清澈的流水，望着袅袅的炊烟，写着清新的诗歌，啊！那多美好呀。可是现在……只好等来生了。爸爸妈妈，对不起了！儿子不孝，儿子来生一定让你们过上好日子。

　　警察又来提审我了，我总听到外面摩托车的声音。为什么总是那么刺耳。我怀念十哥开的摩托修理店，在我印象中那是很赚钱的，十哥骑摩托车很英姿飒爽，那摩托车的声音是那样的婉转清脆；我仿佛又坐在十哥的摩托车上了，悠悠地行走在我可爱、纯朴、亲切的家乡。

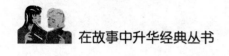

学会说谎话

进行诚信教育的最佳方式是根据一个人的实际行为来判断他的真实想法，而不是仅仅看他的口头表达或书面语言来下结论。

女儿读到一年级下半学期时，老师布置他们每天写一句话，内容是身边的事，要求写得真实。我心里暗暗叫好，因为这无疑是锻炼孩子观察能力、分析能力和写作能力的好办法。孩子最初只能写一些小花小草、小猫小狗之类，渐渐可以写一些简单的事情了。一次，她写了这样一段话："今天早上，我们排好队，参加升旗仪式，红旗升起来，我的手伸在兜里，把山楂上的茸毛抹下来。"

看来，孩子是在参加升旗仪式时，手有些闲不住，便伸进裤兜，拿山楂捏捏，把上面的毛抹了下来。我读后觉得比较亲切，便叫她把不会写的字填上。不料，第二天放学回来，女儿情绪低落，原来这段话得了"丙"，还打了个大杠杠，这在她班上是破天荒的，难怪孩子惶惶不安。我对孩子解释："你的行为违反纪律，所以写的话只得'丙'。"孩子不高兴地说："我写的是真实的嘛……"

过了几天，孩子又高兴地对我说："爸爸，我想好了一段话：'星期天，我把红领巾洗得干干净净，又鲜艳又美丽。'"我说："这个星期天，你没有洗红领巾，还是洗了再写。"她却说："我写了再洗。"而这次她得了"甲"。不想也不敢写出自己洗红领巾的真实过程，也不愿意写出自己的真实感受，孩子开始走上了说套话的路子。

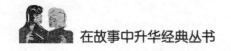

总有一种感动

总有一种感动让我们泪流满面，总有一种力量让我们勇往直前。

一棵梧桐树的阴影下，蹲着一个黑瘦的中年汉子。他上穿一件白衬衫，下穿一条脏兮兮的黑裤子，脚上一双"踢死牛"鞋，没穿袜子。他不断地取下脖子上的短毛巾揩额上、颊上大颗大颗的汗珠。他的脚旁放着一只鼓鼓囊囊的塑料袋，袋里装着一些衣服，几包方便面，还有许多鲜黄的杏子。

学校是新建的学校，梧桐树是去年才栽的，它投下的阴影勉勉强强遮住壮年汉子。

我经过他身旁时，他正又一次用短毛巾揩脸上的汗。

"找学生吧?"我问。

他赶紧站起来，脸上堆着笑："是，找学生。"

我又问："在哪一班?"

他说："二（3）班。"

"二（3）班?"

"哎。"

"学生叫什么名字?"

"赵飞。"

我心里"咯噔"一下。

"刚才下课没找着呀?"

"来得不巧，进校门时刚打上堂（课）钟（铃）。"

我看看表，第二节课才上 5 分钟。就是说，这位父亲还得在酷暑中苦熬整整 40 分钟!

我说："这儿太热，教学楼北边台阶上凉快，坐那儿去吧。"

他难为情地笑笑："庄稼人，灰天土地的，碍眼，嘿嘿……"

我不敢再多看这位父亲，赶紧转身走进教学楼。

赵飞是我班的"双差生"：学习差，纪律差。作为班主任，从高一到高二，我不知做了他多少思想工作，都没什么效果。近来，顽劣程度还有所增加……唉！

我上了二楼，走到我班的教室外，隔窗观察。是语文课，王老师正在动情地讲着，学生们听得入神。可是，赵飞却趴在靠窗的课桌上睡觉。赵飞此举，我已见惯不怪，而今天却让我非常恼怒，真恨不得冲进去把他揪起来狠揍一顿！

我点起一支烟，猛吸一口，有了个主意。我轻敲一下窗子，示意赵飞的同桌叫醒他，让赵飞出来。

赵飞被叫醒了，揉着眼，迷迷糊糊出了教室。我瞪了他一眼："跟我来！"赵飞跟着我进了办公室。大概认为我又要训他，摆出了一副水泼不进刀枪不入的满不在乎的架势。

我说："往里边站点儿，赵飞。"

赵飞往里边站了点儿。

我说："再往里边站点儿，站到窗户前。"

赵飞大大咧咧地站到窗前。

我说："这节语文课，你在睡觉吧，赵飞？"

赵飞轻描淡写地说："是。"

我说："我想让你观察一个人。观察之前我要提醒你，今年夏天天气干旱，持续高温，今天的气温是38度。你要一边观察一边思考：那个人来干什么？他为什么蹲在那儿？他一生最大的愿望可能是什么？——好啦，隔着你旁边的这扇窗户，那个人你抬眼就能看见。——开始吧！"

赵飞抬眼一望，转身就要出去。

我用极其严厉的语气说："站着！按我说的做！"

赵飞不敢再动。

办公室里静极了，只有吊扇转动的"呼呼"声。

赵飞的眼里有了亮晶晶的东西。

赵飞的喉头在蠕动。

赵飞的双肩剧烈地抖动起来。

下课的铃声响了，赵飞终于"哇"的一声哭出声来。

"贺老师，我……"赵飞泣不成声。

我严厉而又语重心长地打断了他的话："什么也别说，去吧。我相信你是一个善于思考的学生。我不想听你现在怎么说，我想看你今后怎么做！"

赵飞咬着嘴唇重重地点点头，向我深深鞠了一躬，转身跑出办公室。

从此，赵飞像换了一个人。期末考试，赵飞的成绩跃入了班级前列。

别开生面的新生见面会

用语言表达慈爱产生了自信，思考慈爱创造了深沉，给予慈爱则创造了爱。

某中学初一（3）班的王老师，在新生入学的第一天，他举办了一次别开生面的"新生见面会"。他根据开学前的详细调查的材料，做了精心的准备。

他衣着整洁，庄重而大方，带着热情的微笑，稳健地走上讲台。师生互相敬礼之后，他先作了自我介绍，并用他拿手的魏碑体在黑板上写下了自己的名字。然后翻开了点名册："下边，我点名。咱们大家互相认识一下。"

"王小红！"

"到！"一个红扑扑的苹果脸，响亮地回答，笑盈盈地站了起来，亮晶晶的眸子望着老师。

"王小红同学，是我们区实验小学五年二班的学生"，王老师立刻用稍快的节奏郑重地进行了介绍，"两次被评为三好学生，在全市小学生作文比赛中荣获过二等奖。希望王小红同学发扬成绩，为我们的集体做出新的贡献——好，请坐。"

王老师这简明扼要的画龙点睛之作，使全班同学的目光刷地一亮。与此同时，一个人民教师对学生的尊重、信任、理解、热情和期望也注入了孩子们的心田，在王小红的内心深处激起了欢乐幸福的浪花。

接着，王教师依次点名、介绍。每个学生一般都是一分钟。当他点到刘力的时候，有的学生竟发出轻轻的讥笑声。因为这个刘力，在原校学习期间打架出名，曾受到过纪律处分。若不是因为他占了"体育积极分子"这一条，给他提了一个分数段，他别想能升上中学。他们班的同学都知道，原来的班主任对他的评价："一条臭鱼搅得满锅腥！"今天老师也点了他的名，难道他也有什么可炫耀的吗？

听到老师点了自己的名字，刘力低着头，犹豫地默默地站了起来，他心里早有这样的思想准备：这位中学老师也许给他一个"下马威"，像以前那位班主任那样，先公布"罪状"，然后让大家监督，让他在集体的汪洋大海中永远孤立，以免他兴风作浪……如果这样，也决不屈服，宁可碰得头破血流，大不了，回家卖冰棍！

"刘力同学，是我们区第九小学五年一班的学生。"王老师依然介绍得那样认真、严肃，"他在原校曾两次夺得全区少年运动会的百公尺比赛第一名。为母校争得了荣誉。据一位体校的教练介绍，这个学生刻苦、有拼劲，素质好，特别是腿部肌肉很有力量，有希望成为最优秀的运动员。我们热情期待刘力同学发挥自己的专长，为我们新的集体做出新的贡献！好，请坐！"

几句话，像一股暖流，注进了刘力那颗冰冷的心，唤起他的希望。他第一次为自己是这个集体的成员而感到光荣，第一次为自己在集体的地位和价值感到鼓舞。他勇敢地抬起了头，深情地望了望敬爱的老师，轻轻地坐下了，心，是热乎乎的。

抵制听课说明什么？

　　一个称职的教师总是要不断地采撷人类文化之精英。用科学理性和人文精神去构建全新的教育智慧，总要不断地反思自己的成败得失，体验生命追求中最质朴的童趣，聆听人类意识中最初的律动，用深沉的责任心去感受它、关怀它。因此，教师总是要根据时代的变化不断地提升自己、充实学生。

　　镇东初中规模不算太大，生源基础参差不齐。师资业务素质总体水平不高，教学质量始终上不去，学生家长反映强烈。领导也有意见。新学期开始后，镇教育委员会针对该校情况，决定调教育办公室李主任到该校任校长。李校长上任一周后，召开了学校领导班子工作会议，他谈了对提高教学质量的初步设想，他说："要提高质量，摘掉落后帽子，就必须加强教学管理，狠抓教学工作各个环节的检查，尤其是课堂教学的检查，因为这是提高教学质量的关键。我想通过经常性突击听课，促使教师钻研教材，改进教法，提高授课水平，向45分钟要质量。过去，我们学校领导没有重视这项工作，致使少数责任心不强的教师混课甚至旷课，这是突出的薄弱环节。因此，我提议，从明天起，所有校长、主任按自己所学专业，分学科到班级随堂听课，事先一律不与教师打招呼，希望大家不要走漏风声。"

　　会议后的第二天，校长、主任根据原定方案，自带凳子分头到班级进行不打招呼的听课。

　　第一次听课后，部分校长、主任肯定了这种做法，有的说："这次不打招呼的听课，确实发现了不少问题，有的教师未备课，就是读读书，有的新教师根本就不会讲课。"有的说："这次听课也发现了不少教师授课能力强，水平高，以后要注意重点使用。"有的还说："这样的听课今后每过一段时间听一次，是很有好处的。"当然也有一部分干部提出疑问，认为这种听课的方式不够妥当，对教师不够尊重，易造成逆反心理。

　　虽说有不同意见，第二天仍按事先分工继续进行这项未完的工作，不料

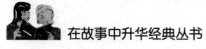

情况与前一天截然不同了，这个教师说："我这堂课主要是让学生做作业。"那个教师说："我这堂课主要是让学生背书。"一句话，就是不愿让领导听不打招呼的课。可想而知，这一次校长、主任们真的坐冷板凳了。

这样的听课已无法继续下去了。

教师的不满，明里暗里的软抵抗行动，李校长耳闻目睹。面对这意想不到的情况，他陷入了沉思。

从学生猝死想到的

　　当人以功利化的心态去从事一种职业时，他自身也就被功利化了。他与这个世界只是实用主义的关系，职业对他而言始终是"它之国度"，他无法沉浸其中，也就无法领略生活的意义。他失去了诗意的存在状态，是在冷冰冰的孤寂中寻求生计。

　　李秀，玉山县双明中心小学一年级学生。一天，李秀吃完早饭去上学。早读课时，班主任李辉玉老师叫听写《叮咚》一课的词语，结果没有一个同学听写全部正确，其中李秀错了5个词。李老师随后布置学生们在第一二节课将每个写错了的词抄写50遍。第二节课时，李老师又给全班同学布置了一些作业。第三节课下课后，李秀和其他7位同学因为没有做完老师布置的作业，不能回家吃饭。下午上课前，李老师又提前来学校再次布置了三道题目让学生做。1点30分左右，李秀将作业交给李老师批改，但因为又出现了错误，被李老师责令改正。李秀拿回作业本，向自己座位走去，经过四个多小时连续做作业，中午又滴水未进，李秀还没回到座位就一头倒在地上。李老师走过来将李秀拉起放在凳子上说："装死，你这么不听话，难怪错这么多。"李秀头疼得昏了过去。李秀的叔叔闻讯后赶来将她送进医院抢救，三天后李秀离开人世。经法医鉴定：李秀死亡的诱因是因为中午未能进食及脑力劳动强度过大而诱发其脑血管破裂急性大出血。

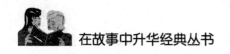

谁来保护我们的隐私

道德教育的目的不是惩罚，惩罚只是手段之一，而且应当是最不得已才采取的一种手段。如果一棍子打死以图干净省事，这绝不是教育，而是戕害。

（一）

2003 年 4 月 7 日，上海市复兴高级中学在午间播放了一盘录像带，录像带的内容都是在校学生一些不文明的行为。在节目的最后，高三学生韦刚（化名）和他女朋友云（化名）搂抱、接吻的镜头也被公之于全校学生的眼前。虽然画面上打了马赛克，但熟悉的同学还是立即认出了他们。

记者（以下简称记）：教室里都装了摄像头？

韦刚（以下简称韦）：对。

记：摄像头是什么时候安装的？

韦：进这个学校的时候就有。我们刚进校的时候，学校告诉我们这些摄像头是监督考试的，那时我们都觉得很合理，但是后来使用摄像头的频率越来越多，不光监考会使用，上课、下课都会打开。

记：你和云知道被拍了吗？

韦：被拍到的时候我们还不知道，后来同学传言说那天摄像头是开着的……

记：录像播出之前，你们知道自己将被曝光吗？

韦：我们一点都不知道。

记：学校常组织学生看这样的录像？

韦：放录像不定期，每次放的内容都是学生的不文明行为。4 月 7 日的录像一开始是一些乱倒饭菜、在走廊里踢球、翻窗户、踢厕所门等画面，最后就放到我们。当时我真觉得无地自容。

记：同学是怎么说的？

韦：认识的同学就笑我，说我们是影帝啦、影后啦，还有很多不认识的人，甚至低年级的，他们说得就很难听。

记：事情有没有渐渐平息？

韦：我和她低估了录像的影响力。第二天去吃饭，以为已经过了一天，可以过去一点啦，可一进饭堂就感到原本闹哄哄的食堂骤然静了下来，周围的50多个人都看着我们。忽然，一个声音夹杂着嬉笑声爆发出来："胆子可真不小！"从那天开始，有一阵我们都不敢去食堂吃饭，下课也不敢出教室了。但是即使我不出教室，还会有高一高二的学生跑到我们教室外面，指啊点啊，专门来看我们。

记：你觉得学校放录像能不能起到教育你们的作用？

韦：高考对一个学生来说是最重要的，但是学校连这一点也不顾及，连这一点都不能维护我、保护我，当然我不觉得放这个录像是为我好。

记：学校可能是想教育更多的学生。

韦：难道为了教育全校的学生就可以牺牲我们两个人吗？我觉得无论如何学校也没有这个权力。

（二）

周迅，今年湖北省高考文科状元，高考成绩638分，高考第一志愿：北京大学。

但是，他落榜了——湖北省招办根本就没有把他的高考档案拿出去让招生学校挑选，简单地说，他连录取的资格都没得到。

周迅今年19岁，曾经是个"天才儿童"，16岁就被保送到中国科技大学，顺顺当当读到大学二年级。有一天，大约是在图书馆，他的书包不翼而飞，年轻气盛的周迅偷偷拿了别人的一个书包作"补偿"，谁知被当场抓住并扭送至派出所，更"倒霉"的是这个书包里面有价值数千元的物品，于是在去年秋天，周迅离开生活了两年的中国科技大学，回到家乡复读文科。今年3

月，中国科技大学做出处理决定：勒令退学。

　　事情并未完结。湖北省招办有规定：被高等学校开除学籍或勒令退学不满一年者（从被处分之日起，到报名开始之日止），不得报名参加高考。周迅虽然考了湖北省文科第一名，但按照这个规定，他报名参加高考本身就是"非法"的，当然就没有资格被录取。

　　韦刚和云犯错误时还是未成年人，周迅也不过刚刚成年，他们都明确表态要悔过自新，却没有人愿意听他们的心声。

沉重的作业

梅花经过了苦寒，终究能放出生命的异彩和芬芳，但许多学生整日干他们最厌烦的活，在重复、多余、繁多的作业中耗费了青春，并没得到什么。

《中国青年报》1999年3月22日有一篇文章，题目是《报复与报答》，其中讲到了一名高中学生对初中生活的回忆，反映出作业是如何变味的。

初一的时候，有次因为踢球，没有做作业，老师罚我写"说明书"，就是检讨书。先写一遍，老师说不够深刻，要我再写。这样一来，误了两节课，不知道老师讲了什么，也不知道留的作业。第二天，没法完成作业。老师说，你记吃不记打，又要我再写检查，于是我又耽误课。每天第一节课总是数学课，写了几次检查之后，就听不懂了。数学课还不是最难过的。我班主任是语文老师，语文背书背不出来，老师就罚抄课文。茅盾的《白杨礼赞》、老舍的《在烈日和暴风雨下》，都是几千字的文章，一罚就抄十遍，抄不完第二天就乘以二，第三天就乘以三，永远也抄不完。

后来老师说，想少抄一遍就在操场上跑两圈。我们都宁愿去跑步，因为实在抄不完。跑步都是在课间或中午，好多老师和同学都在看，我们心里特别不好受。可跑步也跑不完，跑十圈还行，二十圈就跑不动了。第一天没有跑完的三十圈，第二天就变成五十圈了。这样一来，要跑的圈数越积越多。

老师又说，跑不完捡纸去，捡一袋纸就少跑多少圈。老师给我们准备了特大的塑料袋，每人一双筷子，到操场上去捡纸，纸片、塑料袋、树叶，什么都捡。可袋子太大，怎么也装不满。没办法，为了多弄些东西填满，我们就去买干脆面，吃完就把袋子留下。那会儿一天吃十几袋干脆面，中午也不吃饭。早上跑步，白天捡纸，晚上再跑步，可还是做不完因作业问题而带来的一系列事情，因为数量总在往上涨。如果把我从初一开始抄的课文和写的"说明书"（实为检讨书）订起来，都够几本书了。跑步跑到后来，就觉得腿都不是自己的了。到了期末，老师说，这个学年要结束了，你们要有个了结，要么一次补齐作业，要么去思教处。我们都说宁愿去思教处。

思教处就是学校管学生思想教育的办公室，违纪的、不听话的坏学生都往这儿送。

去了思教处还是写检查。送那儿的学生都要填一份严重违纪的登记表，我们填写被送来的原因是因为没完成作业被罚抄多少遍。思教处的老师还不同意，他对我们说："你们就写最根本原因是什么。"我们说最根本原因就是这个。那老师说："那是你们活该受罚，你们干嘛第一次不完成作业？"

第二天，学校就把我妈请去了，填那张登记表都要告诉家长。我妈看了后特别生气，说你怎么一个学期都没完成作业，回家就把我暴打一顿，那么粗的一根扫帚都打断了，浑身青一块紫一块的。那天挨打的不止我一个。有个同学是冰球队的，他爸就用冰球杆打他，比我还惨。第二天，他和我说的时候我们都哭了。

惩罚孩子，我心里难过

一位学者曾说："让我的手在惩罚时变得纤弱，在爱抚时更加温柔。因为我知道，正是出于爱我才这样做啊，惩罚孩子，我心里难过。"

刘老师接一个新班时，原来的班主任特意交代：这个班有几粒"老鼠屎"，你只要把他们几个唬住了，就能带好这个班。这其中的头号分子就是李义龙。刘老师翻阅《小学生登记卡》，发现上面记载着李义龙的许多毛病：劳动不积极，不遵守纪律，学习不认真，和同学关系不和谐……但他也有一个优点：语文成绩不错，每次都是"良"。刘老师决定让李义龙当语文课代表。李义龙听了半信半疑，好像听错了似的。然而，第二天李义龙发新课本时就有同学向老师告状。有一张纸条上写着：

刘老师：

李义龙发书时，我看见他先把一本好书偷偷地留给自己，再把其他的书发给我们。他有这种自私的行为，我认为他不适合当我们的课代表。

一个看不惯的人

第二天，刘老师走进教室，突然发现李义龙的语文书书皮破了，于是好好地表扬了他。李义龙也争气，工作得力，遵守纪律，赢得了同学们的好感。过了一个星期，刘老师在桌子上收到了一张纸条。

刘老师：

请您原谅我！其实，上次的那张纸条是我给你写的，那本书根本没有破，是我故意用小刀划破的。刘老师，我当时这样做，是想给你留下一个好印象，我是想让你在全班同学面前表扬我一次。以前的老师总是讨厌我，不管出现什么坏事，他们第一个就是朝我身上想。至于表扬，他们从来不会让我得到。刘老师，我很想得到你的表扬，所以想了这么一个笨方法。可是，不知为什么，那天，你表扬了我，我却一点也高兴不起来，我头一次觉得自己太虚伪了。这几天，我总觉得不踏实，所以今天给你写了这张纸条。刘老师，我今

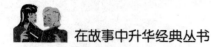

后一定好好改正我的缺点。你不会讨厌我吧？

一个后悔的学生：李义龙

第二天，刘老师来到教室，用胶水细心地把李义龙破了的语文书皮粘贴好。李义龙看着看着，一滴滚烫的泪水滴到了刘老师正在粘书的手上。

你羡慕北京的孩子们吗？

　　行知打工子弟学校是 1994 年创办的，最初只有 9 个学生，目前已经发展到 2000 名学生。校长李素梅在老家当过民办教师，开始时，五棵松菜地的窝棚就是他们的学校，很多打工者听到消息陆续把孩子送来了。1997 年学校发展到 260 多人，学校又盖了两间简易教室，但因菜地被征用，新建教室还未使用就被推倒了，李校长说当时一、二年级的学生还不太懂事，三、四年级的学生看着一间间教室倒下去，当时就有学生哭了。学校开始"漂泊"，他们在南面的沙窝租了一个地方，但没过半天就因不合法被迫转移，类似的经历还有许多……直到今天他们的学校仍然不合法。

　　2000 年末，据不完全统计，北京市打工子弟学校的数量已达到 300 所以上。而北京 300 万的流动人口中，6—14 岁的儿童占了 3．6%，达到 10 万余人，而其入学率为 12．5%，也就是 87．55% 的流动儿童被排斥在正规学校之外。于是打工子弟学校就应运而生了，这些学校的基本特征是：私人办学；没有合法手续；招收的对象是流动人口子女；条件简陋，有的学校 70 多名学生挤在一间教室里，光线昏暗，拥挤不堪，还有的学校连三角尺、圆规等基本教学器具都没有；很大一部分学校处在生源饱和状态，教师中许多都是没有经过专业训练或没有教学经验的；学生缴纳学费每学期 300 到 600 元左右，学费不高且学校投入少，办学者可通过学费很快盈利，提高学校教学的质量和水平并不是他们追求的目标。

　　日前，联合国教科文组织委托北京教育科学研究院做了一个"改善城市流动人口子女教育"的课题研究，其中一项是关于流动人口子女对北京态度的调查。在回答"你羡慕北京的孩子们吗？"这个问题时，有 42% 的流动人口子女答"羡慕"，57．9% 答"不羡慕"。

　　"羡慕"的原因归纳起来有以下一些：因为他们住着高楼，我们住的都是自己搭的；他们都很快乐，也不干活；因为北京的孩子在环境优美的学校里学习；因为他们的家庭都很富裕；因为他们家里有电脑、有课外书；因为我们太穷……

"不羡慕"的原因主要是：因为他们和我都生活在中国，都是中国人；因为北京的孩子太傲了；因为北京的孩子没有自立自强的能力；对城市孩子优越感和歧视态度的抵触。这一些流动人口的孩子已感觉到了城市孩子与自己的差别，同时在城市壁垒面前这种差别又很难逾越，城市的"精彩"似乎只是属于别人的，自己只能处于边缘地位。

躬行为范

要知道，教育者影响受教育者的不仅是所教的知识，还有他的生活方式以及对日常现象的态度。

上学期，学校安排我担任初二年级两个班的班主任工作。开学第一天，当我走进初二（5）班教室时，黑板上写了"你也下课吧"五个大字。我知道：该班已连续换了两任班主任，原因是该班学生无论是学习、班级卫生以及日常行为规范等方面的表现都极差，前两任班主任就因为在班主任积分上被扣分而失去了当班主任的资格。我暗暗告诫自己，一定要冷静。于是，我对黑板上的几个字置之不理，面对希望我暴跳如雷、发一通脾气的学生和颜悦色地说：各位同学，受学校委托，从今天起我将承担你们班的班主任工作兼数学课的教学，希望在今后两年的共同学习中合作愉快。同时我向你们承诺下面五点：

1. 学校要求你们按时到校上课，我也一定不迟到、旷课和早退，不拖堂。

2. 认真备好每一节课，上好每一节课，认真细致地批改作业。

3. 关心和爱护大家，满腔热情地帮助和解决同学们在学习和生活中遇到的困难。

4. 和同学们一道积极参加每日班级清洁卫生劳动。

5. 随时和同学们打成一片，全心全意为大家服务，在当好一个老师的同时，又做你们的一个好战友。

当我一口气讲完后，教室内静得连落下一根针都能听得到，接下来便是长时间的鼓掌欢呼，我长长地舒了一口气。一个月很快就过去了，我所带的两个班在班级评比中都得了优，受到了学校领导和老师们的好评。

后来，学校室外清洁区重新调整，二（5）班的室外清洁区是负责学校的厕所卫生，当我在班会课上将这一决定宣布后，绝大部分学生反映强烈，议论纷纷。有的说："学校那么多班级，为啥偏偏安排我们班？"有的私下议论："打扫厕所，好脏哇。"甚至还有人公开说："反正我是不会去打扫的。"面对这一情况，我没有指责他们，也没有高谈阔论，只是将学生分成四个小组，室内外轮流打扫。我当时心里非常清楚，这样做是远远不够的，在同学们没有解除思想上的认识问题时是不会去打扫的，就是去了，也是你看我，我看你，不认真、不彻底。果不出所料，当天下午打扫卫生的时候（实际上我已暗中准备了一个桶和几个拖把），我从远处观察到，只有两三个人手抱着手在厕所外面站的站，蹲的蹲，其他人则在僻静处观望我这个班主任用何种方法处理此事。我二话没说，便到接水处挑了一桶水，手拿拖把，快步向厕所走去，我一边用水冲厕所，一边大声地说："大便不像同学们所说的那样臭嘛。"以此想打动他们。但当我出厕所准备挑第二挑水的时候，却一个人都没有了。当时，我真的好气呀，很想行使一下班主任的"权威"，找到他们狠狠地批评一顿，但转念一想：这样不行，同学们的观念不是一时一事就会转变的，而是要有一定过程的。

第二天早读课，我一进教室，从同学们的面部表情就可以看出，有的人是在等着挨批，大部分人则是在等着看我发火。我努力克制自己，沉着冷静，面带笑容地当着全班同学的面宣布。"从昨天打扫清洁卫生的情况来看，有部分同学嫌厕所脏、臭，不愿打扫，就是有人愿意，又怕别人说风凉话，但大家应该知道，厕所的清洁卫生是近几年来我校的老大难问题，既然学校信任我们，我们就应当将其干好。如果大家实在有想法的话，本期的厕所卫生就由我一人承担。"有的同学目瞪口呆，大部分同学则埋下了头。就这样，我每天按时挑水冲刷厕所，坚持着、耐心地等待着，一天、两天、三天……终于在一天下午打扫卫生时，我挑一挑水上楼梯差点摔倒时，班干部们再也沉不住气了，他们跑过来夺下我手中的拖把，抢走我肩上的水桶，冲进了厕所，其他同学则流着泪对我说："老师，我们错了！"此时此刻，我只感觉心中甜甜的——啊！当老师特别是当班主任老师真好！

学期结束时，我所带的两个班均被评为校级先进班集体。

教育是水的载歌载舞

不是铁器的敲打，而是水的载歌载舞，使粗糙的石块变成了美丽的鹅卵。

周向阳是学校里出了名的"坏孩子"，老师总是批评他："你看你这个样子，将来肯定是没有出息的!"每当这时，周向阳就装出不在乎的样子，把头仰向天花板，并不时地扭扭脖子，以表现对老师批评的不以为然。幸运的是，周向阳遇到了一个好校长。一次，这位校长看见了周向阳，就说："你是周向阳小朋友啊。"

周向阳奇怪了：连校长都知道我的名字，看来我在学校里是坏出名了。

校长仿佛看透了他的心思，说："周向阳，你的名气可不小啊，我一直记得你呢!"

周向阳快要哭了，心想自己真的是坏到了不可救药的地步了。

哪知这时校长又说："周向阳啊，我一直想向你请教一个问题，你要如实回答校长好不好?"

周向阳被校长说愣了。校长向我请教问题? 有没有搞错?

校长说："你在去年的全校运动会上，500米比赛得了全校第一名，我这个老头子羡慕得不得了，我像你这么大的时候，可没你跑得快啊，你是不是有什么奥秘呀?"

周向阳不好意思地抓抓头，心里却乐开了花，他想：原来校长还记得我去年跑第一的事啊，他禁不住流出了眼泪。

校长又说："你先把你的秘密留着，过几天我让你在全校同学面前讲，让他们也和你一样跑得快，你愿不愿意?"

好啊! 周向阳快乐地叫出了声。

后来，在一次晨会上，校长对同学们说："再过几天我们又要召开全校运动会了，在这里，我们请周向阳同学来讲一讲他跑得快的秘密，好不好?"

在大家像浪潮一样的掌声中，周向阳第一次走向了主席台，他的心激动得像有千军万马在奔腾。他看到了校长鼓励的眼神，就说："我的秘密很简单，就是在开始跑5分钟前，我给自己讲一个恐怖故事，说在大森林里有一只吃人的妖怪，张着血盆大口，一路疯跑着要吃人，我想像这只妖怪就跟在我身后，于是我就拼命地跑……"

周向阳讲完了，底下一片静默。他慌了，他不知道自己是不是讲错了。就在这个时候，突然爆发出一阵掌声，掌声势不可挡，一下子就把他围住了。

从那以后，周向阳就像变了一个人，他快乐、健康、自信。2000年8月，他考上了南方的一所著名大学。

培养班干还是监工？

干部和积极分子，最关心班集体建设，最有主动精神，好像是柁、梁、檩、柱一样支撑着集体的大厦一样。

从一些小学班级门口经过，常见这样的情形：值日班干端坐讲台前，目光扫过教室的角角落落，偶有窃窃私语者，即大声呵斥，令其不许讲话，引得其他同学侧目。于是嬉笑者有之，起哄者有之，教室顿时雀跃起来。然后，该班干更加大嗓门镇压。结果嘈杂声此起彼伏。班干见状便拿出手头或者是笔或者是尺子猛敲讲台，声音始得渐渐消失。还有的班干不坐在讲台前，而是在教室里巡视，如走马灯似的来回走动着。有时一位不够，还配备好几位协同管理。有的班干则坐在前面一言不发，眼睛盯住下面，手里拿着笔和记录本，那是在随时准备记下不守纪律的学生姓名，事后向班主任汇报。

更有的班干在管理自习时让违反纪律的学生"罚站"，这是师德规范所不允许的。而不乏一位学生却被勒令罚站，更有严重者当即被班干拉到讲台前示众。前面站满了，于是教室的几个角落也站满了违纪的学生。

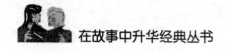
老师，警惕您的侵权行为

教师的教育行为首先应该是一种合乎法律规范的行为，其次才可追求其教育意义。

1998 年 9 月 4 日，辽宁省朝阳市第二高中高二学生崔某只因课间喧闹，被班主任老师许某打了两个耳光，造成鼓膜穿孔并引发精神障碍。经过崔某父亲 3 年多的上告申诉后，双方在法院的主持下达成调解协议，被告赔偿原告损失合计 31 万元。

1999 年，广州市天河区某小学英语课上，一名男生数次回头抓后面一女生的脸、手和头发。任课教师符某多次批评制止无效，不得已打了该男生一巴掌。事后，符某被撤销教导处副主任职务并调离该校，接着被剥夺参加中级职称评审资格。符某不服学校的处理决定，向区教育局申诉，区教育局未给予书面答复。符某遂将区教育局告上法庭。2002 年 6 月，天河区人民法院一审判决驳回原告的诉讼请求。

2001 年 11 月，重庆市璧山县某中学老师汪某私看并公开曝光一学生早恋日记，并且不允许该学生进教室上课，导致该学生离家出走，精神遭受创伤。受害学生将汪某告上法庭。重庆市第一中级人民法院终审判决认定，汪某的行为侵犯了学生的名誉权和受教育权，应当向学生公开赔礼道歉，并赔偿精神损失费。

……

培养间谍要不得

教师是把学生的美德和幸福操在手里的人。

《北京青年报》曾经报道过这样一件怪事：为了严肃班级纪律，哈尔滨市香坊区轴承厂子弟中学某班的老师竟然想出了一个刺激学生举报的"高招"：重金奖励举报者，凡举报一名违反班级纪律的同学，可得奖金3元钱。被举报者骤然增多，很多同学因为举报而发了一笔小财。

该校学生在接受记者采访的时候说："自学校宣布这一政策后，学生可乐坏了，举报一个就可以得到3元钱啊！"但是，也有的同学心里感到很不安，他们说："现在我们上课都提心吊胆的，惟恐自己一不小心说话了被举报，即使同学向我借一支笔我都不敢说话，怕被人告诉老师。""要是被罚了钱，我们也不敢直接跟父母要，只好撒谎！""现在说话的人比以前少了，因为打'小报告'的人多了！很多举报别人的同学拿到钱以后就买了好吃的。"

据报道，被举报的同学对举报者不满，便在课后报复，因此同学之间矛盾增多。

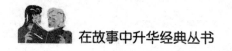

要严格遵守纪律？

野蛮产生野蛮，仁爱产生仁爱，这就是真理。对待儿童没有同情心，他们就会变得没有同情心。以应有的友情对待他们就是一个培养他们友情的手段。

同事的女儿，两年前"就玩"于一所省级实验幼儿园，这所幼儿园有着让孩子自由发展、自主成长的办园指导思想，这也是孩子父母选这所幼儿园的原因。可谁知，孩子读小学一年级时，两年"实验"的种子却结出了麻烦的果子。

一次，音乐老师给孩子们现场演奏了一首曲子，同事的女儿听得入神，听着听着，她像过去在幼儿园时一样走到老师身边，情不自禁地说了一声："老师你弹得真好！"一脸诚恳友好的孩子即刻遭到老师的严厉训斥："你是小学生了，怎么不懂纪律，没有规矩，怎么能随便跑到讲台上？"

过了几天，她在学校里又闯了一个"祸"：老师给当日表现好的两名同学的本子上加盖红色印章以示鼓励，同事的女儿自认为自己做得也不错，也该受奖，便自个儿跑到讲台上，给自己的本子上也盖了一个红印章。老师知道后大惊失色，再次向其母亲投诉："你们可要小心自己的孩子，这可是一个品德问题，这不等于撒谎吗？这不是爱虚荣的表现吗？"

孩子的母亲回家后狠狠地给女儿上了一堂"规矩课"，教育她不能再违反学校纪律了。经过反反复复许多次、校内外相互配合的教育，现在，这个孩子已经"老实"多了，学会乖乖地坐在教室里了。

另一位母亲叙述她的孩子入学时的情况，说她的女儿绝不会犯这种错误，因为学校的第一堂课就是纪律教育，老师教给他们儿歌："铃声一响，立即坐好；两手背后，两脚并齐，眼望前方，抬头挺胸；一句不说，一动不动；遵守纪律，是好学生。"学生们要好好练上一堂课，所以，那所学校的孩子们一上来就会注意这个问题。这可能是很早以前的事了，现在很多学校都不大要

求小学生双手背后了，因为那实在太残酷了，想想，对一个自制力极强的成年人来说，一动不动地双手背后45分钟也不是一件容易事，更何况是天生好动的孩子呢？

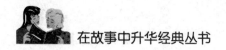
选举"坏孩子"

学校里学习的许多东西，会随着时间的流逝而被遗忘。但是，人的思想接触过的东西，会在我们的心灵里，首先在我们的情感和内心感受里留下痕迹。

一位家长在星期一发现儿子上学时磨磨蹭蹭，遂追问是怎么回事，孩子犹豫了半天才道出实情。原来在上个星期二早上，班主任老师召开全班同学会议，用无记名的方式评选3名"坏学生"，因有两名同学在最近违反了学校纪律，无可争议地成了"坏学生"；而经过一番评选，第三顶"坏学生"的帽子便落在了儿子的头上。这个9岁的小男孩，居然被同学们选出了18条"罪状"。当天下午二年级级部组长召集评选出来的"坏学生"开会，对这三个孩子进行批评和警告，要求他们写一份检查，将自己干的坏事都写出来，让家长签字，星期一交到年级组长手中。

该家长当着孩子的面，没有表示什么，签了字便打发孩子去上学。随后，她打通班主任的电话，询问到底是怎么回事。班主任说："你的孩子是班上最坏的孩子，这是同学们用无记名投票的方式选出来的。"当她质疑这种方法挫伤了孩子的自尊心时，老师却回答："自尊心是自己树立的，不是别人给的。"并说他们不认为有什么不对，其目的也是为了孩子好。

自从这个9岁的孩子被评选为"坏学生"后，情绪一直非常低落，总是想方设法找借口逃学。

学生的权利

学会尊重每一个人，是现代文明人的基本素质。

（一）

某校初三学生丁某平时学习不认真，经常调皮捣蛋，是班主任老师刘某的重点教育对象。一天下午自习课前，刘某来到教室，发现丁某不在，刘某走到丁某课桌旁，打开抽屉检查丁某复习题的完成情况，结果发现了一封尚未寄出的信。刘某拆开信一看，是丁某写给另一所学校一位女孩的情书。这时丁某回到教室，看见刘某在拆看他的信，就向刘某索要。刘某不给，并说："不好好学习，竟然在谈恋爱！我看不好好教育教育，你是不知道改正的。"于是刘某在自习课上向全班同学读了丁某的信，大加奚落嘲讽，以其为典型警戒全班学生。并告诉了办公室的其他老师，给丁某造成了很大的压力，本来就不好的学习成绩更加一落千丈。

（二）

一名考上大学的女孩曾经伤心地回忆说：从小我的学习成绩就不好，记得上小学时，一次我们全年级同学在操场上做操，我们的班主任老师指着我对别的班的老师说："这就是我们班上那个最笨的学生，就冲她的那股子笨劲，我看她连小学三四年级都读不下来。"班主任老师的这句话我一直记到今天。从那时起，我的学习真的再也没有好过，小学勉强毕业，因为我怎么读

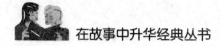

也是最差的。

（三）

　　某小学五年级学生张某上语文课时没有好好听课，在下面玩起了电子游戏机，被老师李某发现并将游戏机没收。下课后，张某向李某索要游戏机，李某不给。放学后，李某将游戏机放在办公室抽屉里就回家了。没想到当晚学校办公室被盗，游戏机也丢了。张某父母得知后，要求学校赔偿损失。学校认为，张某上课玩游戏机是错误的，李某没收行为是正确的。至于游戏机被盗，完全属于意外事件，学校不应承担赔偿责任。

孩子，你能原谅老师吗？

教育上的错误正和配错了药一样，第一次弄错了，决不能借第二次第三次去补救，它们的影响是终身洗刷不掉的。

在省城参加完培训，我就匆匆忙忙赶到教室。我前脚刚一踏进教室，快嘴的课代表就报告："这几天，李蔚家庭作业一次都没有做。""昨天，李蔚和二班的同学偷偷地放了六年级同学自行车轮胎的气，结果被校长抓住了。"

又是李蔚，这家伙！"我不在的几天，作业竟然一个字也不写，还尽给我惹是生非！"想到这，一股无名怒火直冲心头，我冲着课代表吼了一句："叫李蔚赶快到我这里来！"不一会儿，小家伙耷拉着脑袋走了进来，一声不吭，双手拨弄着自己的衣角。"这是怎么回事？"我强忍住心头的怒火，把课代表交给我的家庭作业本摔给他。"这……这……我……"孩子的嘴在嘟囔着。"还说呢，有什么好说的？下午叫你爸爸过来！"听了这话，孩子的头低得更低了，两眼微闭着，悻悻地离开了。

下午，一位40岁左右，鼻梁上架着一副眼镜的中年男子走进我的办公室。一阵寒暄，我知道他是李蔚的父亲。我向他说明了情况，汇报了李蔚近期在校的学习情况，以及他在校的种种"劣迹"。

听了我的话，李蔚父亲的脸涨得通红，嘴里不住地说："这孩子，给老师添麻烦了！""给老师您添麻烦了！""在家里我也常常对他说，叫他完成作业后再去玩，可他就是不听。看我回去怎么收拾他！"

见这模样，我知道家长已经动了真怒，就半开玩笑半认真地说："我知道你们做家长工作忙。但孩子你可不能不管呀！要知道，你忙来忙去不就是为了孩子吗？"

"是呀，是呀！"家长连连点头。"所以，我希望家庭能和学校共同担负起培养、教育孩子的责任。"

握手言别时，我一再声明：请家长到学校来是学校与家庭的正常沟通，绝非向家长告状。希望家长不要因此对孩子施加压力，甚至责骂、殴打孩子。平时要抽出时间来与孩子交流、谈心。

第二天上语文课时我意外地发现李蔚的脸上多了几道深深的紫色手指印。"孩子昨天肯定挨了一顿打，这家长出手也够狠的了。"想到这，我的心不由得"咯噔"一下。走到李蔚身边，我俯下身子问道："昨天挨爸爸打了吧！你爸爸也够狠的了！"孩子抬起头，用哀怨无奈的目光扫了我一眼，神情黯然地低下了头，一句话也没有说。看着他，我阵阵心痛，想说些什么，却不知如何开口。"怎么能这样呢？怎么会是这样呢？我这是在教育孩子吗？我都干了些什么？"

在以后的日子里，我费了许多力气，与家长取得联系，批评了他的做法；在学校里，我也尽量给李蔚以更多的关爱，并向他表示歉意，但这孩子终日郁郁寡欢，始终未能走出这片阴影。事后，我不断反省自己，如果那天自己能主动到孩子家里与家长进行推心置腹的交谈，或许结果不会是这样；如果我不是向家长"列举罪状"，而是心平气和地与家长交谈，或许结果也不是这样；如果……洛克说："教育上的错误正和配错了药一样，第一次弄错了，决不能借第二次第三次去补救，它们的影响是终身洗刷不掉的。"这件事虽然过去有好多日子了，但它已深深印在我的心里。直到今天，每每看到有家长来校，我就不禁想起李蔚那张带着紫红手指印的脸庞，一股愧疚之情不由得涌上心头。

孩子，你能原谅老师的过错吗？

让每个孩子享受适合自己
发展的教育

与学生脉搏一起律动，过有境界的教育生活。

前不久，一个由巴蜀退休教师组成的重庆市巴蜀小学"知心奶奶"工作室成立了！这个振奋人心的好消息传遍了春潮涌动的巴蜀园，传到了每一个热爱教育、钟情巴蜀的师生家长心中！

"知心奶奶"工作室在激情状态下开始行动了——

"大手牵小手"，面对每一个孩子，巴蜀人从来都不轻言放弃，不让一个孩子掉队。"知心奶奶"工作室就是在巴蜀人对教育的不断求索中应运而生，塑造出的巴蜀特色的关工委工作品牌。

在巴蜀园里，随处可见他们矍铄的身影：关心贫困学生，关注个别学困生，每年参加教育部关工委组织开展的"五好小公民"读书、实践、征文、演讲主题教育活动等。特别是以"知心奶奶"的名义关注"巴蜀宝贝"的成长进步，让这片燃烧着炽热教育情怀的天空迎来了新的激情与活力。

"知心课堂"是巴蜀"宽泛和丰富的课程"之一，是知心奶奶们重要的工作平台。

"知心课堂"之传统教育，充分利用和整合巴蜀资源，为巴蜀的每一届毕业生和新老师们做巴蜀传统教育系列讲座，鲜明提出要"了解巴蜀历史，传承巴蜀传统，接触巴蜀校友，争做优秀巴蜀人"；

"知心课堂"之劳作教育，准备恢复巴蜀传统生活教育的做法，让巴蜀宝贝们到阳光农场去劳作锻炼，借此磨炼孩子们的意志品质，养成良好的行为习惯，升华他们对成长和生命的认识。

老骥伏枥，志在千里；莫道桑榆晚，为霞尚满天。

"知心奶奶"工作室是一道阳光，它照耀着身边的小花小草茁壮成长。

教育就是在等待花开的一瞬间；教育从来都是一种责任和担当。

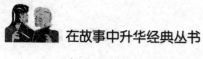

　　"知心奶奶"工作室是一声号角，从"教育有成功的一天吗?"到"与学生脉搏一起律动"，让每个孩子享受适合自己发展的教育，巴蜀人正脚踏这块蕴含无限生机的热土，智慧前行。

安德鲁的拉丁语课

这是我上的第一堂课，教的是拉丁语。当我走进教室时，有几个孩子正在用纸团"打仗"，他们都听从安德鲁——一个 11 岁的非裔美籍男孩的指挥。

听到我来了，安德鲁转过头对我说："我们根本就不用说拉丁语，为什么要学它？纯粹是浪费时间。"

我出了一身冷汗，心想：这样的孩子，我该怎样才能把他们教好呢？

这是我参加暑期援教活动的第一天。暑期援教是美国 36 所公私高校所发起的一项活动，它的目标是使国家边远地方的贫困儿童也能接受到一些基本的教育。

在教室里备受煎熬，我终于结束了这堂课。无论如何，我必须要抓住安德鲁的注意力。我尝试了各种方法，从公开批评到私下谈话，但是都没有任何效果。

到第三个星期，我已经用完了所有方法，精疲力竭了。这时候我想起了我的拉丁语老师曾经教过的一个游戏：由一个学生扮演领袖，用拉丁语大声喊出他的命令，老师和其他的学生遵从他的命令。当我叫安德鲁扮演领袖的时候，我发现我一直盼望的奇迹出现了。他因为自己能命令老师"原地跳""向后转"而兴奋不已。我告诉他假如他用拉丁语叫我做一些事，我将遵从他的命令，只要他和我一起做。有了这个协定，我就可以在教室外面教他学拉丁语的新词了，他也能够在他的朋友面前命令他的老师"金鸡独立"。最终，安德鲁的拉丁语成绩越来越好。

暑期援教活动结束的前一天，我们和学生家长举行了一个见面会。见面会快结束的时候，安德鲁的母亲感谢我，并告诉我说："安德鲁已经开始教他的弟弟学习拉丁语了。"

第二年的暑假，我又参加了暑期援教活动。当我重新回到那里时，我听到安德鲁说的第一句话是："今年还会有拉丁语课吗？"

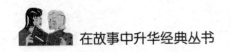

一次特殊的比赛

　　这年的冬天出奇的冷，雪花一直纷纷扬扬，没完没了，到处白茫茫一片。大人们都缩在屋里不肯出门，只有小孩子才跑出门去玩雪球、打雪仗，打打闹闹，倒也不觉得很冷。

　　于小佳不喜欢雪，这个冬天，她更不喜欢雪。下课，同学们都跑出教室在雪地里欢呼奔跑，于小佳却缩存教室里一动不动。她的双手，一直教在衣袋里，即使是上课也不例外。只有在写字的时候，她才会把手从衣袋里取出来。因为今年冬天，于小佳没了手套。

　　于小佳是有一副手套的，但于小佳把手套给了母亲。母亲的手套又脏又旧烂，不能再了，母亲却还舍不得扔掉，是于小佳替母亲扔掉的，然后她就把自己的手套给了母亲。她告诉母亲她不冷，她不需要手套，她说教室里人多着呢，很暖和。

　　教室里是人多，是暖和，但是再暖和，也需要一副手套。班里的同学都戴着手套，即使是老师也不例外。

　　因为没了手套，于小佳的手就特别的冷，她就只能将手放在衣袋里取暖。每当将手取出来写字的时候，她的手就颤抖不已，写的字非常差劲。其实，于小佳的字平日里是写得最好的，老师经常夸奖她，并希望同学们向她学习。

　　这天上午，老师突然宣布举行一场书法比赛。老师的话一出口，就引起了同学们的不满。这么冷的天，老师怎么就想着搞书法比赛？这么冷的天，谁能写好字啊？

　　然而，老师却有她的理由，老师说："同学们，这冷天举行书法比赛，既是比实力，更是比毅力。谁优秀，我就给谁发奖品。"

　　是啊，这么冷的天，要写字不容易，要写好字就更不容易。正因为不容易，坚持写好字，不是一种毅力吗？同学们再无怨言，都乐于接受挑战，参加比赛。

老师叫同学们准备好本子和笔，然后她一声令下，同学们便埋头写字。

于小佳一捏上钢笔手就发抖，她心里对老师非常不满。她没有戴手套，无法发挥正常水平，而老师却偏偏举行书法大赛，简直就是在跟她作对。如果是在平日里，她的字当然是写得最好，她当然能赢得奖品。可是今天，她想她不可能赢得奖品。

于小佳看到自己写的字，非常失望，她写得实在糟糕，她忍不住湿了眼睛。她是多想赢得奖品啊，哪怕只是一个本子或者一支笔，有了它们，她就可以不用叫母亲给钱买了。当然，她更希望是一副手套，那样自己的手就不用一直放在衣袋里了，就可以好好地写字了。

于小佳突然抬头看了看同桌写的字，她不由笑了，同桌平日里写的字很好，但是今天，同桌的字也不怎么样。于小佳明白了，有些同学戴着手套，手是很暖和，但是却很笨拙啊！于小佳想到这里，她又看到了希望，便埋头认真写起字来。

尽管笔是冰凉的，但于小佳想到老师说的比毅力，她就决定今天要战胜自己，认真地把每一个字写好。她想，她即使真的得不到奖品，但她却是班里唯一一个没有戴手套写字的人，她同样是优秀的。

于小佳调整了心态，放松了下来。没想到，她虽然写得比平日里慢一些，但是写出来的字，却并不比平日里差了。于小佳非常的开心。

下课的时候，于小佳顺利地完成了书法比赛，她满意地交了本子。

最后一节课，老师宣布了书法比赛的结果，她说："尽管今天天气很冷，但是今天的书法比赛，却赛出了水平，赛出了风格。经过认真评选，最优秀的是于小佳同学。下面，请于小佳同学上台来领奖！"

于小佳喜出望外，她没想到，她没有戴手套，居然是最优秀的。于小佳微笑着起身走上讲台，她盯着老师，等待老师给她奖品。她心里想，是什么奖品呢？笔吗？本子吗？

老师从讲桌下掏出了奖品，居然是一副手套。于小佳无比惊喜，她从老师手中接过手套，向老师深深地鞠了一躬。老师率先鼓掌，下面的同学也热烈地鼓掌，一时之间，教室里掌声雷动。

于小佳回到座位上，她试试手套，没想到刚好合适。戴上手套，于小佳的手突然就变得暖和起来，她露出了开心的笑容。

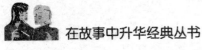

老师看到于小佳开心的笑容，她也笑了。于小佳不知道的是，老师见她没有戴手套，便想送她一副手套，因为知道她不会轻易接受，便特地举行书法大赛，然后把手套当奖品发给她。

瑞典孩子的答卷

　　双语学校的中文老师给学生出了道短文阅读题，内容大概讲的是，猎人在狩猎过程中，一边教儿子技巧，一边教他做人的道理。短文后的思考题并不难，绝大多数学生都能根据材料答出来，但一位来自瑞典的孩子的答案，引起了老师的注意。

　　瑞典孩子的答案是：请老师原谅，这是一篇很无聊的文章，我拒绝回答和它相关的问题。老师看完很生气，为什么他会有这样奇怪的想法呢？老师问："你为什么觉得这篇文章无聊？"孩子毫不掩饰地回答："我们全家都是动物保护者，狩猎是非法的，而文章写的却是狩猎。"

　　老师恍然大悟，她觉得孩子想法很好，就笑着说："你的观点没错，可文章是想从另一些方面给人们启发呀！再说，从中可学些做人的道理，和你的动物保护思想应该没有冲突！""老师，我反对您的观点，连保护动物都做不到，还谈什么做人的道理呢？"

　　看来这个瑞典孩子很"固执"，老师又启发道："这只是一篇哲理小品文，想通过故事给人一点启示罢了，你可能想得复杂了。""不！我想得并不复杂，其实很简单，这篇文章触犯了我的原则。"瑞典孩子坚定的话语让老师顿感震撼，中文老师陷入了深深的思考……

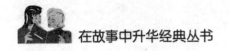

特殊孩子韦浩然

开学初，我班来了一位"脑瘫"学生，他叫韦浩然。

作为一名特殊的"编外生"，韦浩然坐在后排靠墙的角落。眼看半学期过去了，他好像从未说过一句话，很沉静，似乎周围的一切都与他无关。课堂上，同学们在为问题发愁的时候，只见他正背靠着墙，斜坐着，面对着敞开的后门看风景，一脸无忧无虑的神情，那样子真可爱。

孩子上五年级，似乎已习惯了被遗忘。在那个被遗忘的角落，韦浩然每天做着自己喜欢的事情，从不影响他人。但下课铃声一响，他便很快走出教室，属于反应快速的那类；同时发现，在铃声再次响起的时候，他总是最后一个走进教室。这一切老师们都看在眼里。一天上课，他终于被叫停在门外了。一位科任老师走过去，故意问："韦浩然，你刚才干什么去了？"他也不答话，用手指指下身（小便）。真叫人忍俊不禁。

一直以为脑瘫患者近乎"植物"，但我察觉韦浩然的"擦边球"是基于老师们对他的宽容，他并不是想象的那样"无动于衷"。

这种想法终于在最近得到了证实。

那是一堂兼职的体育课，我让学生学跳沙坑。在教给学生跑跳的要领之后，便让学生列队按序一个个地跳。当学生跳完以后，我询问还有谁没有跳时，学生齐说韦浩然。我当时也没加思索："韦浩然，跳！"可能是现场的热闹、趣味感染了他，他听了便向沙坑冲来，在踏板的前方就起跳了，手足无措，竟落在了踏板上。同学们都笑了，我不由得也"喔吆"了一声，准备组织第二轮练习。

"韦浩然哭了！"几个同学向我汇报。果然，他满脸眼泪，眼睛红红的，正抽泣着。原来是我刚才的"嘻嘘"声所致。我感到一丝唐突和意外，赶紧上去安慰说老师没怪他的意思，是开玩笑的，并说他一定会跳得好。他这才收住眼泪，恢复了常态。出于抚慰，我特意给他做了示范，让他再来一次。

虽然不见起色，但我说有进步，他明显有了信心。随后反复练习了几次，我创新了训练法——采用手拉手的办法，和他一起跑跳，边跑边顺着脚步节奏叫口令。这一招很见效，通过几个来回，他终于有了进步——学会踏板了，但还是起跳不起来。就这样"大手拉小手"一堂课过去了。

我原本以为这个小插曲对于这样一个"脑瘫"学生是不会留下什么记忆的。想不到，当天下午的大课间活动，我正在操场看本班男生踢足球，竟目睹了这样的一幅情景：不远的沙坑处一名学生在练习跳远，他独自一遍又一遍地来回跑着、跳着，天哪！竟是韦浩然。我几乎不敢相信自己的眼睛，这就是我熟知的那个"脑瘫"男孩吗？我抑制不住内心的喜悦，大声说："韦浩然，张老师来了！"然后我赶忙跑过去再次拉起了他的小手，牵引着他向前跑去……

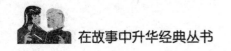
穿靴子的故事

幼儿园放学的时候，小约翰请一位老师帮他穿靴子。女老师虽说上了年纪，但是对学生的要求向来就是有求必应。她匆匆赶来帮小约翰的忙。

一个往上提，一个往下蹬，费了好大的劲，两只靴子才穿好了。女老师早累出了一身汗来，就在她喘气的时候，小约翰叫了起来："老师，靴子穿反了。"

往下脱比穿上去还难，女老师心里想：要沉着冷静，别因为太急躁伤了孩子的嫩脚丫儿，也别撕坏了靴子。于是她一边耐着性子，一边和小约翰一起用力脱掉。

脱下来后，换好左右脚，又费力地穿上。这时她已经累得腰酸背痛，刚直起身子，小约翰又叫了起来："老师，这不是我的靴子。"

女老师差点没吐血。她忍不住大声责问到："约翰，你还有完没完？你为什么不早说？"她只好再次蹲下，把靴子脱下来。接着便四处找约翰的靴子。她问道："约翰，你穿什么靴子来的？"约翰回答："就是这双啊。不过这是我哥哥的，我妈今早起晚了，急着要上班，给我穿错了。"

女老师闻此言，真是哭笑不得。她集中起全部的慈爱之心，又帮他穿好靴子，然后敲敲靴子，说："好了，孩子，现在该戴手套了。"她见约翰一动不动，就劝到："老师刚才说话重了点，对不起。外面已经零下二十几度，不戴手套，小指头会冻僵的。你的手套呢？"约翰说："报告老师，靴子太大，今天早上穿的时候，我把手套塞进去了。"

手捧空花盆的孩子

道德准则，只有当它们被学生自己去追求、获得和亲身体验过的时候，只有当它们变成学生独立的个人信念的时候，才能真正成为学生的精神财富。

——苏霍姆林斯基

班会课上，我给孩子们讲"手捧空花盆的孩子"的故事，孩子们都说做人要诚实，不能撒谎，特别是张芮宁讲得最好，他说："故事告诉我们，即使面对再大的诱惑也要诚实。"

接下来我就进入了主题，说到我们年级的大富翁评比，它是针对孩子们假期里的表现开展的一个比赛。家长朋友都很用心，也想让孩子通过此事养成好的习惯，纷纷认真填写，督促孩子按计划完成。大富翁评比表交上来以后，我多少有些失望，因为第10项活动原本就没有，应该直接从第9项跳到第11项，但还是有很多的家长在第10项那一栏填上了分值。是疏忽了，没看清？还是孩子一哭一闹，就给他都写上了？但这至少传达了一个信息——不够认真！

统计下来，唯一让我欣慰的是全班仍有18名孩子的表格第10项是空着的，他们太令我高兴了，因为他们是最诚实的人！

讲完故事我就告诉所有的同学："我们班有18名同学，他们面对大富翁评比的诱惑，宁愿少写点分数，也要保持一颗诚实的心，你们觉得，他们该不该获得掌声？"

"该。"孩子们喊到。

"他们都是谁呢？"我停顿了一下。

"邵警仪、李锐、陈研毅……"每念到一个名字，教室里就响起一片掌声，而且一次比一次热烈！念到的那18位同学都非常自豪地站了起来，其中已有人"毫不掩饰"地笑出声来了。相信那一刻,他们能记一辈子。

　　会后戴婧恩小朋友告诉我:"张老师,我还以为自己的分不高,得不到奖励了,没想到居然评上了。"我笑着对她说:"诚实的孩子每一份付出都会收获莫大的幸福。"话虽然听着有点拗口,但我相信她懂了。因为我看到她笑得那么甜……

我们班的数学箴言

因为我这个班主任是数学老师，所以我的班级管理也不自觉地烙上了"数学"的印记——常常用"数学箴言"对学生进行习惯训导和行为约束。这些"数学箴言"，有的是我精心收集的与教学有关的名言警句，有的则是我在教学实践中偶然"灵光闪现"而自创的。

一年级，孩子们学了《0 的认识》，我给他们送上——"一百个 0 也抵不上一个 1；一百句大话也抵不上一次实际行动。"

二年级，孩子们学了《直线、射线和线段》，我送上这样一句话——"做事应该像线段，有始有终；不应像射线，有始无终。"

三年级，学生懂得了《时、分、秒》，我则给他们送上富巴柯夫的名言——"用'分'来计算时间的人，比用'时'来计算时间的人，时间多了59 倍。"

到了四年级，学完《垂直和平行》，我送给他们的格言是——"做朋友要像垂线，互相交流；做对手要像平行线，虽然不来往，但是你追我赶，互相超越。"

五年级学了《分数》，我送上俄国大文豪托尔斯泰的名言——"一个人就好像一个分数。他的实际才能好比分子；而他对自己的评价好比分母。分母越大，则分数值越小。"

六年级学了《正比例》，我写下陈景润的话送给孩子们——"成功与天才成正比，但与努力的平方成正比。"

从这些"数学箴言"里，孩子们既很好地理解了数学概念，又领悟到其中深刻的哲理，可谓"一箭双雕"！几年来，我还结合数学课本知识适时给学生送上了以下"数学箴言"：

"天才 =1% 的灵感 +99% 的血汗。——爱迪生"（《百分数》）

"要利用时间，思考一下一天之中做了些什么，是"正号"还是"负

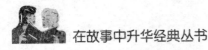
号"，倘若是"＋"，则进步；倘若是"－"，就得吸取教训，采取措施。——季米特洛夫"（《负数》）

"A＝X＋Y＋Z。A代表成功，X代表勤奋劳作，Y代表正确的方法，Z代表的是少说废话。——爱因斯坦"（《简易方程》）

"人生轨迹都是圆，但是你可以将圆的半径延长些。"（《圆的认识》）

"如果用小圆代表你们学到的知识，用大圆代表我学到的知识，那么大圆的面积是多一点，但两圆之外的空白，都是我们的无知面，圆越大，其圆周接触无知面就越多。"（《圆的周长与面积》）

"20多岁的人是锐角，30多岁的人是钝角，40多岁的人是平角，50多岁的人是周角。"（《角的分类》）

为了纠正学生的某些不良学习习惯，帮助他们掌握正确的学习方法，我也用"数学箴言"。一次，我发现课堂上有些孩子只顾埋头抄写黑板上的例题，而不是用心领悟解题的方法技巧，我就对他们附耳细说——"会解一道题，犹如捕捉到一条鱼；掌握一种解题方法，犹如拥有了一张网。"孩子们明白了孰轻孰重之后，自然知道应该怎么做了。当有的孩子学习上虎头蛇尾或者粗心大意时，我给他们深情朗诵——"如果你希望成功，以恒心为良友，以经验为参谋，以小心为兄弟，以希望为哨兵。"当孩子对学习数学的价值产生"怀疑"时，我送上华罗庚的名言——"宇宙之大，粒子之微，火箭之速，化工之巧，地球之变，生物之谜，日用之繁，无处不用数学。"当孩子们习惯于接受而不是主动探究和发现时，我会及时提醒他们——"问题是教学的心脏。"

小学生在学习过程中，会遇到各种各样的困难，作为班主任，我用"数学箴言"可帮助他们渡过难关。鼓励孩子学习上知难而进——"面对暂时的失败，干下去还有50%的成功希望，不干便是100%的失败。"鼓励学生勇于探索创新——"在学习中要敢于做减法，就是减去前人已经解决的部分，看看还有哪些问题没有解决，需要我们去探索解决。"营建和谐班级、和谐团队——"周长一定的长方形，长和宽的悬殊越小时，它的面积就越大。一个班级、一个社会，如果人与人之间越平等，越和谐，那么整个群体的力量就越大。"

有时，我也会利用小孩子崇拜偶像的特点，收集一些出自当红偶像之口

的"数学箴言"，效果会更胜一筹。"世界上1%的人是吃小亏而占大便宜，而99%的人是占小便宜吃大亏。大多数成功人士都源于那1%。"由于此话是学生十分熟悉和热情追捧的于丹教授所说，他们更容易发自内心地认同和接受。

当然，在课堂教学中，我也会发挥自己的特长，结合当天所学数学知识现场创编简短、幽默的"数学箴言"，与学生共勉。由于身临其境，孩子更容易受到此类"数学箴言"的感染。学习（《负数与0的大小比较》之后，我玩笑似地对孩子们说："假如某天你发现自己一无所有了（0），请不要灰心，因为同众多的'大负翁'（负数）相比，你仍是最富有的。"又如，对于那些不自主温习功课的孩子，我没有采取枯燥无味的说教，而是善意地调侃："每周在校学习五天，如果经过两天的周末把所学的知识全忘了，那就是$5+2=0$；反之，如果及时复习，就能让$5+2$等于7，甚至大于7。"

如今，孩子们即将毕业，班上同学请我在纪念册上为他们写点儿什么。我又写下两条"数学箴言"作为对他们的毕业赠言：

"我不能决定生命的长度，但我可以拓展生命的宽度；我不能预知明天，但我可以利用今天。"

"人生就像一级运算，加法是收获，减法是给予。生活中只有合理地运用这两种方法，才会活得自由、快乐。"

心中的最重

又到星期五了，孩子们翘首以盼的主题班队会如期举行。

通过近段时间的准备，本周这次班队会以"我心中，谁最重"为主题。

窗外微风轻飏，小雨淅沥。一阵优美抒情的音乐铃声响过，我箭步来到教室。教室里一阵窃窃窣窣的骚动，孩子们左顾右盼，明亮澄澈的眼睛望着我，目光中有期待、有迷惑，但更多是欣喜。黑板上"我心中，谁最重"几个醒目大字，用彩色粉笔装饰一新。

中队长走上讲台，按照例行队会程序，井然有序地主持着活动。作为辅导员的我，俨然场外指导，瞅着孩子们的一举一动和一言一行。偶尔搭腔，也是蜻蜓点水。

"现在，大家可以各抒己见了，想想，自己心中，谁最重啊？"中队长蔡韵一阵忙活后，羞报着说，"说出来，怀着感恩的心，谈谈你最喜欢的人！"

"我心中最重的人是妈妈。是妈妈把我带到这个世界，给我做好吃的，给我买新衣服。"女生张颖说，"还有，当我学习成绩进步了，妈妈比我还高兴；当我生病了，妈妈陪着我，急得团团转；当我受欺负了，妈妈总是安慰我……"

一阵热烈的掌声后，肖华站起来说："我心中最重的是爷爷。"他顿了顿，低着头继续说："我爷爷是个70多岁的老人，慈眉善目的，整天乐呵呵的，喜欢打乒乓球。爷爷一直陪着我练球。没有爷爷的指点，我就不能取得县级乒乓球大赛儿童组第一名的成绩。可惜，爷爷前不久离开我了，没有谁陪我练球了……"肖华说着，眼泪吧嗒吧嗒地往下滴落。

空气中顿时弥漫着酸楚的气息。中队长眼里噙着泪花，语音哽咽。我站起来，大声说："孩子们，说出心中的最爱，说明我们懂得感恩，我们被某个人关爱着，我们是幸福的啊！别怕，说出来吧。"

"我心中，最重的是自己。"啊！教室里一阵惊讶。李匡站起来，不紧不慢地说，"真的，我最爱的人不是别人，而是我自己。我感谢生命，让我呼吸馥郁的花香，让我凝望斑斓的世界，让我倾听美妙的音乐，让我充实而幸福地学习。如果没有我自己，就没有我热爱的一切啊！我心中，我最重，最爱自己！"李匡说毕，噔的坐下去。

一阵短暂的惊愕后，哗！哗！哗！教室里顿时掌声如雷！"对呀，孩子们，我最重要。我们最爱的人不是别人，恰恰是自己啊！珍爱自己，善待生命！好吗？"我激动地说。"好！"同学们不约而同地说，并向李匡伸出大拇指。

"芸芸众生中，我心中，我最重，最爱自己！"我一直回味这句话。我想，这次关于感恩教育与生命教育交汇的班队会，受教育的不光是这几十个稚气未脱的孩子。